제대로 알려주는 빅데이터 분석의 첫 걸음

빅데이터 분석

R 프로그래밍 으로 시작하기

김민지 · 임호진 지음

BM (주)도서출판 성안당

빅데이터 분석 R
프로그래밍으로 시작하기

2021. 1. 15. 1판 1쇄 인쇄
2021. 1. 26. 1판 1쇄 발행

지은이 | 김민지, 임호진
펴낸이 | 이종춘
펴낸곳 | BM (주)도서출판 성안당
주소 | 04032 서울시 마포구 양화로 127 첨단빌딩 3층(출판기획 R&D 센터)
　　　 10881 경기도 파주시 문발로 112 파주 출판 문화도시(제작 및 물류)
전화 | 02) 3142-0036
　　　 031) 950-6300
팩스 | 031) 955-0510
등록 | 1973. 2. 1. 제406-2005-000046호
출판사 홈페이지 | www.cyber.co.kr
ISBN | 978-89-315-5678-0 (13000)
정가 | 22,000원

이 책을 만든 사람들
기획 | 최옥현
진행 | 최창동
본문 디자인 | 앤미디어
표지 디자인 | 박원석
홍보 | 김계향, 유미나
국제부 | 이선민, 조혜란, 김혜숙
마케팅 | 구본철, 차정욱, 나진호, 이동후, 강호묵
마케팅 지원 | 장상범, 박지연
제작 | 김유석

저자와의
협의하에
검인생략

www.cyber.co.kr
성안당 Web 사이트

■ **도서 A/S 안내**

성안당에서 발행하는 모든 도서는 저자와 출판사, 그리고 독자가 함께 만들어 나갑니다.
좋은 책을 펴내기 위해 많은 노력을 기울이고 있습니다. 혹시라도 내용상의 오류나 오탈자 등이 발견되면 "좋은 책은 나라의 보배"로서 우리 모두가 함께 만들어 간다는 마음으로 연락주시기 바랍니다. 수정 보완하여 더 나은 책이 되도록 최선을 다하겠습니다.
성안당은 늘 독자 여러분들의 소중한 의견을 기다리고 있습니다. 좋은 의견을 보내주시는 분께는 성안당 쇼핑몰의 포인트(3,000포인트)를 적립해 드립니다.

잘못 만들어진 책이나 부록 등이 파손된 경우에는 교환해 드립니다.

PREFACE

모두에게 참 힘들었던 2020년이 흘러갔습니다.

코로나19 팬데믹 이전에도 미래는 늘 예측 불허의 영역이었지만 앞으로 다가올 미래는 더욱 미지의 영역으로 남아버린 듯합니다. 그럼에도 늘 그랬듯이 우리는 변화에 적응해나가며 생존하고, 앞이 보이지 않음에도 지금 이 순간을 열심히 살아가고 있습니다.

이 힘든 와중에 본 책을 펼치신 독자 여러분들께서도 데이터 분석을 통해 지금보다 나은 미래를 준비하고자 하는 마음이 아니실까 싶습니다. 저 또한 현재 비즈니스를 진행하면서 많은 변화를 겪고 있고, 그 변화를 대응하고 대비하는 관점에서 데이터 분석의 가치를 더욱 깨달으며 최선을 다해 본 책을 집필하였습니다.

"살아남는 종은 가장 강한 종도, 가장 똑똑한 종도 아닌 변화에 가장 잘 적응하는 종이다."
진화론 창시자 찰스 다윈은 말했습니다.

전공대로, 경력대로, 해왔던 대로만 해야 하는 세상은 지나갔습니다. 안전함을 보장해 줄 수 있는 것은 이제 그 무엇도 없습니다. 파도에 휩쓸리기 이전에 그 파도에 두 발을 단단히 딛고 흐름을 탈 줄 아는 것이야말로 미래를 준비하고 나의 가치를 올릴 수 있는 유일한 방법입니다. 그 가치의 중심에는 데이터를 통해 세상을 읽어내는 현명한 눈과 문제를 해결할 수 있는 부지런한 손이 반드시 수반되어야 할 것입니다.

쉽지는 않을 것입니다. 꽤 오랜 시간과 노력이 걸릴 것입니다.
하지만 과정의 기쁨은 확실할 것입니다.
저와 독자 여러분 모두 그 기쁨의 결실을 맺길 간절히 바라겠습니다.

이 책의 특징

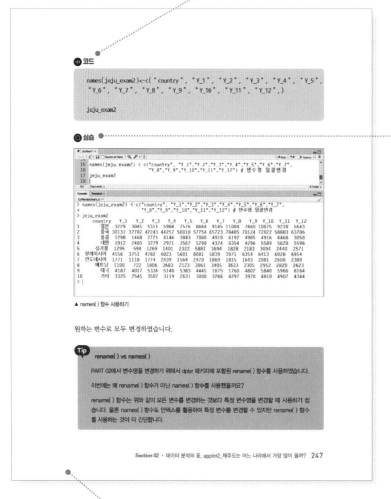

❶ 소스 코드 제공

본문에서 설명한 코드를 학습사이트에서 다운로드하여 사용할 수 있도록 하였습니다.

❷ 누구나 할 수 있는 데이터 분석

누구나 R 프로그램을 이용하여 빅데이터를 분석할 수 있도록 쉽고 공감가는 예제로 구성하였습니다. 또한, 내용 중에서도 꼭 알아야 할 중요 내용을 별색으로 강조하였습니다.

❸ 무료 동영상

전체 내용을 저자 직강 무료 동영상 강의를 통해 학습할 수 있습니다.

4

1. 기본 함수로 데이터 파악하기

R스튜디오로 데이터를 불러와서 가장 먼저 해야 할 일은 R스튜디오에서 제공하는 편리한 함수들을 통해 데이터의 전반적인 구조를 파악하는 것이 필요합니다. 각 기본 함수들과 기능을 익혀둡시다.

데이터 파악 함수	설명
View( )	뷰어 창에서 데이터 세트 확인
str( )	데이터 속성 확인
dim( )	데이터 차원 확인(몇 행, 몇 열인지)
ls( )	변수 항목 리스트로 확인
head( )	데이터 앞부분 확인
tail( )	데이터 뒷부분 확인
summary( )	요약 통계량 확인

2. 변수명 변경하기

• 변수명이 알아보기 어렵고 규칙적이지 않으면 데이터 분석을 진행할 때 헷갈리기 쉽습니다. 또한, 데이터의 속성이 늘어날수록 복잡해지므로 변수명을 잘 고려하여 정하는 것은 중요한 작업입니다. 변수명을 생성할 때는 다음과 같은 2가지 기본 법칙을 고려합니다. .

❶ 변수명은 이해하기 쉬운 단어로 바꾼다.
❷ 변수명은 규칙적으로 변경한다.

• 변수명 변경을 위해서는 dplyr 패키지의 rename( ) 함수를 사용합니다.
• A를 a로, B를 b로 변수명을 변경하려면?
rename(jeju_example, a=A, b=B)

3. 파생 변수 생성하기

필요에 따라 기존 변수들을 가지고 병합하거나 함수를 활용하여 아예 새로운 변수를 만들어 낼 수도 있습니다. 이를 '파생 변수'를 생성한다고 합니다. 두 가지 방식이 있습니다.

❶ 데이터 연산 방식 (산술 연산자를 활용하여 새로운 변수를 도출합니다.)

jeju_example$first <-
jeju_example$2018년1월+ jeju_example$2018년2월+ jeju_example$2018년3월

❹ 각 Section별로 설명한 내용 중 중요한 내용으로만 정리하여 복습할 수 있도록 하였습니다. 한 번 더 정리하는 시간을 가져 보세요~

학습사이트 안내

김민지 저자가 관리하는 학습사이트(https://everydatamaster.tistory.com/)에서 다음과 같은 자료를 제공합니다.

• 무료 동영상 강의
• 예제 파일 다운로드
• PPT 강의 자료
• 문의 & 답변

학습 자료 제공 사이트

학습사이트 (https://everydatamaster.tistory.com/)

"원하는 모두가 빅데이터를 배울 수 있도록 최선을 다해 자료를 제공합니다."

✓ 무료 동영상 강의

✓ 예제 파일 다운로드

✓ PPT 강의 자료

✓ 저자에게 질문하기

교재뿐만 아니라 빅데이터 관련 다양한 콘텐츠를 제공하고 있습니다.

빅데이터 , 어떻게 공부해야 할까 ?

빅데이터가 4차 산업혁명의 핵심 키워드가 되면서 모두가 앞다투어 빅데이터를 공부하는 것 같은데, 언제 어떻게 시작해야 할지 막막하시죠? 공부를 하는 데 있어서 완벽한 왕도는 없습니다. 하지만 최소한 '먼저' 공부한 사람들의 조언을 듣는 것만큼 좋은 것은 없습니다.

처음 시작하는 분들의 막막한 궁금증들에 대해 답변을 드리겠습니다.

Q1 광범위한 빅데이터, 언제 어떻게 시작해야 할까요?

A 이제 모두가 빅데이터를 배우고, 배울 수 있는 시대가 성큼 다가왔습니다.

현재 어떤 전공을 하고 있던, 어떤 직무에서 일을 하던 저의 말을 믿고 바로 시작하세요.

학원을 다녀도 좋고 책을 읽어도 좋고 자격증 준비를 하여도 좋습니다.

아래의 Q&A를 참고하여 자신에게 맞는 공부 방법을 선택하세요.

Q2 빅데이터 관련 자격증, 무엇을 따야 할까요?

A 현재 국내의 빅데이터 관련 도움이 될 만한 자격증은 빅데이터분석기사, 경영빅데이터분석사, ADsP(데이터분석 준전문가), ADP(데이터분석 전문가), 사회조사분석사, SQLD(SQL 개발자), SQLP(SQL 전문가) 정도가 있습니다. 빅데이터분석기사, ADP, SQLP를 제외하고 나머지 자격증은 '빅데이터 관련 지식이 하나도 없다' 하더라도, 시작하여 3개월 안에 충분히 독학으로도 취득할 수 있는 난이도입니다. 서점에 가서 책을 직접 본 후 본인에게 맞는 자격증을 준비하세요. 참고로 빅데이터분석기사는 신규 국가기술자격으로, 취득 시 앞으로 더욱 다양한 분야에서 많은 도움을 받을 수 있을 것입니다.

Q3 저는 빅데이터 공부가 처음인데 무조건 학원에 가야 할까요?

A 빅데이터 관련 자격증들이 주목을 받게 되면서 학원들도 앞다투어 다양한 교육과정을 만들어 내고 있습니다. 또한 300~500만 원 정도의 학원비를 지원해 주는 국비 지원 과정도 생겨나고 있습니다. 좋은 품질의 빅데이터 교육을 제공하는 곳도 있지만, 잘 살펴보지 않으면 타이틀만 빅데이터이지 실제로는 빅데이터와 크게 상관없는 개발 관련 내용을 배울 수도 있습니다. 또한 국내 빅데이터 교육과정이 아직 안정적인 시스템으로 도입되지는 못했기 때문에, 데이터에 대한 통찰력을 배우고 실제 데이터를 활용하여 학습할 수 있는 곳은 쉽게 찾기 어렵습니다.

따라서 무조건 학원을 간다기보다는 '내가 정말 필요한 부분의 커리큘럼을 제공하는 곳'을 찾아서 가도록 하세요. 예를 들어 단순히 '빅데이터 전문가 양성과정'이라기보단 '파이썬으로 텍스트 마이닝 시작하기'의 과목을 찾아 학습하는 것이 비용적, 시간적으로 더욱 효율적입니다.

Q4 자격증과 학원 말고는 빅데이터를 공부할 수 있는 방법은 없나요?

A 사실 현재 자격증과 학원의 커리큘럼만으로 빅데이터 공부를 잘하고 있다고 말하기에는 한계가 있습니다. 우리가 그토록 무수히 많이 좌절한 영어교육처럼 단순히 암기를 통해 배울 수 있는 학문이 아니기 때문입니다. 빅데이터는 인문학, 수학, 통계학적 이해는 물론 IT 시스템의 이해, 프로그래밍 능력까지 겸비해야 완전함을 이룰 수 있는 융복합적 학문입니다. 단기간에 취업, 승진 등을 위한 자격증 취득, 프로그래밍 기술은 어렵지 않게 이룰 수 있지만 진정한 빅데이터 전문가가 되기 위해서는 데이터 및 알고리즘 자체의 이해뿐만 아니라 다양한 사례들을 통한 통찰력을 겸비해야 합니다.

이러한 역량이 단기간에 쌓아지지는 않겠죠? 꾸준히 논문과 도서를 접하고 좋아하는 분야를 만들어 알고리즘을 깊게 연구하고, 그 알고리즘을 통해 간단한 프로젝트라도 훈련해보는 루틴을 반복해야 합니다.

A 너무 막연하다 보면, 오히려 이것저것 많은 방법을 제시하는 것이 혼란스러울 수 있다는 점을 저자도 몸소 겪어 보았습니다. 그래서 누군가 그냥 '이것부터 해'라고 말해주길 바랐던 마음을 떠올려 참고할 수 있도록 로드맵을 제시합니다. 이 로드맵은 극히 저자의 개인적인 의견이니 참고하실 독자분들만 참고하세요.

Case 1 하루 1~2시간 공부할 수 있는 경우

- 저자의 책이 아니더라도 R, 파이썬 등을 활용한 데이터 분석의 입문서를 통해 데이터의 전반적인 이해와 프로그래밍과 친숙해지세요.
- 책으로만 보는 것은 소용없습니다. 실제 코드를 함께 작성하고 기본적인 내용에 익숙해질 수 있도록 연습합시다.
- 틈틈이 데이터 관련 책을 읽음으로써 데이터에 대한 통찰력을 길러봅시다.

Case 2 하루 2~3시간 공부할 수 있는 경우

- 빅데이터분석기사, ADsP, SQLD, 경영빅데이터분석사 등 관심 있는 자격증을 준비합시다.
- R, 파이썬 중 한 가지를 선택해 데이터 분석의 기초와 실제 코드를 작성하며 소규모 프로젝트 포트폴리오를 작성해나가세요.
- 틈틈이 데이터 관련 책을 읽음으로써 데이터에 대한 통찰력을 길러봅시다. 부담 갖지 말고 논문도 읽어보세요. 구글 학술 검색, 국내 지능정보연구 등을 통해 다양한 논문을 접할 수 있습니다.

Case 3 하루 3~4시간 공부할 수 있는 경우

- 위 학습들을 병행하면서(Case 1~Case 2) 자신의 관심 연구분야를 선정하고 조금씩이라도 관련된 알고리즘, 기술 동향, 비즈니스 모델, 논문 등을 정리하여 포트폴리오를 생성해보세요.
- 어느 정도 학습이 이루어지면 캐글(Kaggle) 경연 대회에 참석해보세요. 기업 및 단체에서 데이터와 해결 과제를 등록하면, 사람들이 이를 해결하는 데이터 알고리즘을 개발하고 경쟁합니다. 실제 비즈니스 환경에서 도출되는 데이터 세트를 경험해볼 수 있어서 좋은 기회입니다.
- 머신러닝, 딥러닝 기술 등 심도 있는 데이터 관련 학습을 시도해보세요. 공부해온 모든 것들이 융합되어 더 큰 시너지를 낼 수 있을 것입니다.

CONTENTS

 PART 01 빅데이터와 R

 PART 02 데이터 분석의 준비운동

PART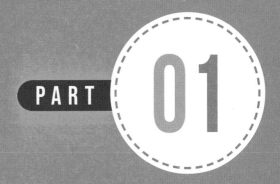

빅데이터와 R

빅데이터와 R_
빅데이터는 선택이 아닌 필수다.

"4차 산업혁명이 도래하면서 인공지능과 자동화 시스템이
사람들의 일자리를 대체하고 앞으로는 더욱더 그러한 추세가 심화될 것이라고 합니다.
그렇다면 이제 우리는 어떤 직업을 선택하고, 무슨 일을 해야 할까요?
〈하버드 비즈니스 리뷰〉에서는 21세기의 가장 섹시한 직업으로 데이터 과학자를 뽑았습니다.
앞으로 대다수의 회사에는 빅데이터 전문 과학자들이 배치될 것이며,
이들의 중위 소득은 전문직 못지않은 연봉을 차지할 것입니다.
한 치 앞도 내다보기 어려운 현실이지만, 앞으로 우리가 마주할 세상에서는
빅데이터 과학자가 유망 직업이 될 것이라는 사실만큼은 자명합니다."

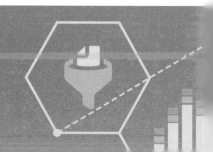

Point 1 · 데이터 분석을 한다는 것?

요즘에는 어디를 가더라도, 데이터 분석이라는 용어를 쉽게 마주할 수 있습니다.
도대체 데이터 분석을 한다는 것은 무슨 의미일까요?

다양한 의미와 해석이 존재하겠지만, 필자에게 데이터 분석이란 원석을 발견하고, 가공하여
보석을 만들어내는 과정이라고 비유하고 싶습니다.

그 보석을 만들어내기 위해서는 원석을 원석으로 바라볼 수 있는 현명한 눈과 그 원석을 가
공해 낼 수 있는 부지런한 손이 필요한 것처럼, 데이터 분석의 가치를 얻어내기 위해서는 데
이터를 바라보는 통찰력과 능숙하게 데이터를 다룰 수 있는 좋은 연장이 필요합니다.

본 책을 펼친 독자 여러분은 이제 저자와 함께 다양한 데이터 활용 사례를 살펴보며 데이터
의 가치를 바라 보는 눈과 R이라는 유용한 연장의 사용법을 배울 것입니다.

부디 본 책의 첫 장을 펼치고 마지막 장을 덮으면서, 데이터 분석에 입문하고 그로써 자신과
세상의 가치를 발견할 수 있는 기회를 가지길 소망하겠습니다.

Point 2 · 데이터는 어떻게 빅데이터가 되었나?

데이터는 최근에 생겨난 개념이 아닙니다. 기록만 해 둘 수 있다면 모든 것은 데이터가 됩니
다. 즉 인간을 포함한 모든 살아 있는 생물체들의 흔적, 그 생물체들을 둘러싸고 있는 모든
것들의 기록을 데이터라고 할 수 있습니다.
그럼 왜 지금, 이렇게 데이터가 세상의 화두가 되었을까요?

바로 데이터가 '빅'데이터가 되어 버렸기 때문입니다.

나날이 발전해가는 IT 기술은 기존의 데이터가 수집되고 가공될 수 있는 양과 질을 뛰어넘
게 하였고, 하드웨어의 가격이 내려가 많은 데이터의 양을 쉽게 저장할 수 있게 되었습니다.
또한 네트워크의 발전은 빠른 속도로 데이터를 수집하고 가공할 수 있게 만들었으며, R과
파이썬과 같은 통계 분석에 최적화된 프로그래밍 기술도 발전하게 되면서 데이터라는 개념
이 소수의 한정된 개념이 아닌 다수의 소중한 자원이 된 것입니다.

그럼, 왜 데이터가 소중한 자원일까요?

세상은 문제의 연속입니다. 항상 우리는 그 문제를 해결하기 위해 노력해왔습니다. 하지만 각각 떼어놓고 보면 잘 이해되지 않았던 문제들이 통합된 데이터와 발전된 기술력을 통해 문제점과 해결책을 찾고, 미래를 예측할 수 있게 되면서 빅데이터가 더욱 주목받게 된 것입니다.

▲ 빅데이터의 중요성

위 그림을 살펴봅시다.

눈을 가린 채, 코끼리를 만지고 있는 여러 명의 사람들이 있습니다. 개개인은 모두 다른 경험과 지식을 가지고 있기 때문에 같은 코끼리를 만지고 있으면서도 모두 다른 판단을 하고 있습니다. 문제를 해결하는 방식도 마찬가지입니다. 우리는 기계가 아니기에, 제한된 경험과 지식으로 문제의 해결방안을 찾습니다. 그래서 잘못된 판단을 내리는 경우도 굉장히 많습니다.

하지만 객관성을 기반으로 활용되는 데이터는 우리가 놓치고 있는 부분을 잡아주고 조금 더 올바른 판단을 내릴 수 있도록 도와주는 역할을 할 수 있습니다.

실제 사례를 한 번 살펴봅시다.

2019년 발발되어 전 세계를 뒤집어 놓은 코로나19 사태를 가장 먼저 예측한 곳이 어디일까요? WHO(세계보건기구)는 2020년 1월 9일에 코로나 확산을 경고했는데, 캐나다의 AI 의료 플랫폼 업체인 '블루닷(BlueDot)'은 그보다 약 10일 정도 앞서 코로나 19의 위험성을 분석하고 예측했습니다.

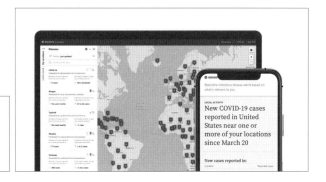

▲ 블루닷(출처: bluedot)

코로나 19 사태 이전에도 전염병 분석 프로그램들이 에볼라, 메르스 등 빅데이터를 활용해 국가별 호흡기 질병 경고를 제공했다고 합니다. 일분일초를 다투는 시급한 대응이 전 세계의 상황을 좌지우지하는 전염병과 같은 중요한 문제들에 있어서는 이처럼 데이터 분석과 예측이 더욱 각광받을 수밖에 없을 것입니다.

즉 빅데이터는 자연재해, 전염병, 의료, 마케팅, 생산, 기획, 교육 등 모든 분야에서 활용 가능하며 문제인식과 해결, 새로운 방향성과 더 나은 가치를 창출해내는 역할을 합니다.
앞으로는 더욱 빅데이터의 중요성이 각광받을 것이고, 국가와 기업, 개인에게 있어 선택의 문제가 아닌 필수적인 요소가 될 것입니다. 독자 여러분들도 한 명의 데이터 제공자뿐이 아닌, 데이터 생산자가 되어 다양한 분야에서 카멜레온 같은 역할을 거머쥐시길 바랍니다.

Point 3 / 빅데이터의 가치, 그리고 R

데이터의 가치는 사실성에 기반합니다.

즉 진정한 데이터는 '사실이 기록된 정보'라는 전제가 먼저 충족되어야 합니다. 만약 데이터가 잘못된 사실의 기록이라면 그 데이터의 활용도 무의미하고 때론 위험한 결과를 낳을 수도 있습니다.

그렇다면 빅데이터의 가치는 어떻게 판단할까요?

단순히 데이터의 양이 많아진 것을 빅데이터라고 할 수는 없습니다. 위에서도 언급하였지만 빅데이터는 IT 기술이 발전하면서 기존에 처리하던 데이터와는 비교할 수 없을 정도로 많은 양의 정보를 처리하게 되면서 단순히 사실의 기록뿐이 아닌, 데이터를 기반으로 문제를 해결하고 미래를 예측하는 종합적인 의미를 포함합니다.

미국의 유명 IT 컨설팅 업체인 가트너(Gartner Inc.)는 기존의 데이터와 비교하여 빅데이터의 가치를 다음과 같이 3V라고 정의 내렸습니다.

❶ High−Volume(대용량)

데이터의 크기가 테라바이트(TB) 혹은 페타바이트(PB)에 이르기까지 많은 양의 데이터를 의미합니다. 이 많은 데이터를 활용하려면 일단 저장을 해둬야 하는데, 기존에는 하드디스크의 가격이 비싸 저장의 한계가 있었지만 점점 더 하드웨어의 성능이 좋아지고 가격은 내려가면서 많은 양의 데이터를 저장하는 것이 가능해졌습니다.

Tip **데이터의 크기**

Byte 〈 KB(Kilo Byte) 〈 MB(Mega Byte) 〈 GB(Giga Byte) 〈 TB(Tera Byte) 〈 PB(Peta Byte) 〈 EB(Exa Byte) 〈 ZB(Zetta Byte) 〈 YB(Yotta Byte) 〈 BB(Bronto Byte) 〈 GeB(Geop Byte)

❷ High−Velocity(고가용성)

데이터가 만들어지고, 활용되는 속도의 발전을 의미합니다. 예를 들어, 새로 개업한 식당이나 기업의 신제품 반응이 실시간 SNS를 통해 정보가 공유되는 것을 생각해보면 됩니다. 또한 넷플릭스, 유튜브와 같은 동영상도 길거리를 걸어 다니면서 볼 수 있습니다. 이는 네트워크, 즉 통신기술이 발전함에 따라 데이터의 가용성도 함께 발전한 것입니다.

❸ High−Variety(다양성)

데이터의 다양성은 단순히 데이터의 종류뿐만 아니라 가치와 활용에 있어서도 다양해진 것을 의미합니다. 기존에는 엑셀과 같이 텍스트로 정리된 정형화된 데이터만을 다루고, 사후 대처에 초점을 맞췄다면 현재는 이미지, 영상, 댓글, SNS, 고객 행동 등의 반정형, 비정형 데이터 등 다양한 데이터 종류를 활용해 문제를 해결하고 미래를 예측하는 것에 초점을 맞추고 있습니다.

위에서 제시된 3V외에도 데이터를 통해 수많은 비즈니스 모델이 생겨나고 국가와 기업의 흥망을 좌지우지할 수 있다는 데이터의 '가치'에 초점을 둔 High-Value를 포함한 4V로 표현하기도 합니다.

그럼 빅데이터와 R은 도대체 어떤 연관성을 가지고 있을까요?

R은 데이터 분석에 특화된 프로그래밍 언어입니다. 전문적인 데이터 사이언티스트들뿐만 아니라 이제 막 데이터 분석 공부를 시작한 입문자들도 모두 사용할 수 있으며, 수많은 데이터 분석도구들 사이에서도 주목받고 있습니다. 그 이유에 대해서는 다음 장에서 언급하도록 하겠습니다.

Point 4 왜 R인가?

R은 위에서 언급한 바와 같이 데이터 분석에 특화된 도구입니다. 뉴질랜드 오클랜드 대학의 로버트 젠틀맨(Robert Gentleman)과 로스 이하카(Ross Ihaka)는 벨 연구소에서 만든 S프로그래밍 언어를 참고하여 R언어를 만들었습니다. 일부 통계학자만 사용했던 언어에서 빅데이터가 각광을 받으면서 구글, 페이스북, 아마존 등 글로벌 IT기업에서 데이터 기본 분석 플랫폼으로 사용되면서 많은 사람들에게 주목을 받게 되었습니다.

그렇다면 왜 수많은 기업들이 R을 선택했을까요? R의 가장 큰 장점은 다양성입니다. R은 범용 분석 툴이기 때문에 어떤 형태의 데이터든 자유롭게 분석할 수 있습니다. R 이외에 다른 데이터 분석 도구와도 비교하여 장단점을 정리해보겠습니다.

▲ R프로그래밍

1 R의 장점

❶ R은 무료로 사용할 수 있는 오픈소스입니다.

기업에서 오랫동안 사용해왔던 SAS, SPSS와 같은 데이터 분석 도구들은 많게는 수천만 원의 비용이 들고 일반 사람들은 활용할 수도 없는 낯선 도구입니다. 하지만 R은 데이터 분석의 진입장벽을 낮춰 많은 사람들이 자유롭게 사용할 수 있도록 하였습니다. 또한 오픈소스이기 때문에 전 세계 사용자들이 다양한 기능과 패키지를 만들어 사이트에 공유하고 있습니다. 한 해에 수천 개가 넘는 패키지가 새롭게 업로드되고 있고, 필요하다면 어렵지 않게 다운로드하여 사용할 수 있습니다.

R 사용자들이 패키지를 만들어 공유하는 공식 사이트인 CRAN(cran.r-project.org) 외에도 아래와 같은 사용자 커뮤니티가 활성화되어 있어 독학으로 시작하기에도 큰 무리가 없습니다.

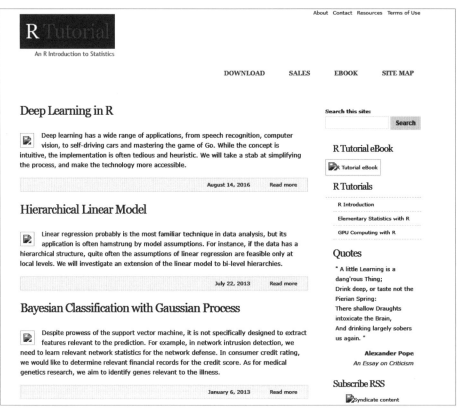

▲ R튜토리얼: https://www.r-tutor.com/

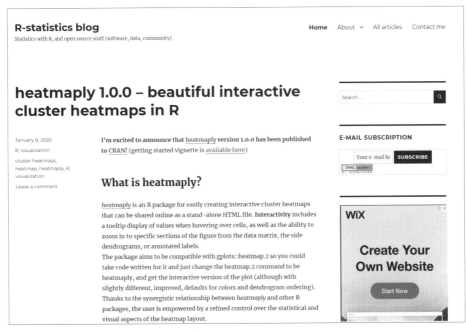

▲ Rstatistics: https://www.r-statistics.com/

❷ **R은 입문자와 데이터전문가 모두에게 매력적인 연장입니다.**

R은 프로그래밍에 익숙하지 않은 입문자라도 R스튜디오라는 IDE(Integrated Development Environment: 통합개발환경)를 활용하여 바로 시작할 수 있습니다. R스튜디오는 직관적인 인터페이스, 간단한 문법, 다양한 패키지들을 제공합니다. 이처럼 입문자도 쉽게 다가갈 수 있는 R이지만, R이 가지고 있는 프로그래밍 방식은 전문적이고 고도화된 데이터 분석까지 가능하게 합니다. 그 이유는 무엇일까요?

i. 오류를 확인할 수 있다.

R은 모든 작업과정이 코드로 기록되고 이상이 발견되면 실행 시 어디에서 오류가 발생되었는지 확인할 수 있으므로 쉽게 파악할 수 있습니다.

ii. 신뢰성 확보가 가능하다.

데이터 분석은 데이터와 분석 방법이 같다면 몇 번을 반복해도 같은 결과물을 얻을 수 있어야 합니다. 이 또한 R은 데이터 분석 과정이 코드로 모두 기록되므로 신뢰성이 확보됩니다.

iii. 다양한 패키지가 활용 가능하며, 시각화 표현에 좋다.

머신러닝, 딥러닝과 같은 고도화된 데이터 기술도 R로 활용할 수 있으며, 다양한 패키지를 통해 시각화하기에도 좋습니다.

> **Tip** **통합개발환경(IDE; Integrated Development Environment)?**
>
> 통합개발환경은 효율적으로 소프트웨어를 개발하기 위한 인터페이스, 즉 개발환경입니다. 직관적으로 코드를 작성하고, 오류를 확인하고 수정하며, 실행해 볼 수 있는 일련의 과정을 하나의 프로그램에서 처리할 수 있는 환경을 의미합니다.

❸ **다양한 패키지를 통해 시각화하기 좋습니다.**

일반적으로 시각화 과정을 데이터 분석의 꽃이라고 지칭합니다. 시각화를 하게 되면, 텍스트만으로 보기 힘들었던 데이터의 결과를 한 눈에 파악하여 분석하기에도 용이하고, 분석한 자료를 제3자에게 설명할 경우에도 그래프, 도표, 지도 등 다양한 기법을 활용하여 더욱 설득력 있게 다가갈 수 있습니다. 즉 R은 데이터 분석부터 그래프 작업까지 단 하나의 도구로 완성해 낼 수 있습니다.

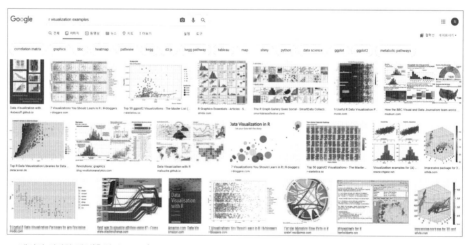

▲ 데이터 시각화 예시(출처: Google)

② R의 단점

❶ 데이터 분석에 특화된 프로그래밍 언어이므로 애플리케이션 개발에는 한계가 있습니다.

말 그대로 프로그래밍 언어는 프로그램을 개발하기 위한 언어입니다. 하지만 R은 통계 및 데이터 분석에 특화된 언어이므로 웹 서비스나 소프트웨어를 개발하는 데는 한계가 있습니다.

❷ 문제가 발생했을 때 커뮤니티 등을 통해 해결해야 합니다.

현재 기존의 SAS, SPSS를 사용하던 기업들이 점점 R 사용을 확대해가고 있습니다. 특히 데이터 관련 업무가 많은 통신 회사나 넥슨 등 게임 회사들은 R을 활용하고 있습니다. 하지만 오픈소스이기 때문에 사용 중 기술적인 문제가 생기면 자력으로 처리하거나, 커뮤니티를 활용하여 스스로 해결해야 합니다. 하지만 대부분의 문제들은 구글링을 통해 해결할 수 있을 만큼 커뮤니티의 활용도가 높습니다.

③ R과 파이썬, 어떤 것을 선택해야 할까?

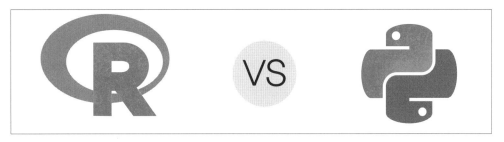

▲ R과 파이썬

데이터 분석에 있어 R 만큼이나 주목받고 있는 언어는 파이썬입니다. 데이터 분석이 가능하다는 점에서는 같지만, 사실 두 도구는 서로 다른 목적에서 개발된 언어입니다. R은 데이터 분석 자체에 특화되어 있어 데이터 처리와 통계 분석 기능에 강점을 두고 있습니다. 또한 쉽고 간단한 문법으로 데이터를 분석할 수 있습니다. 반면 파이썬은 프로그래밍 언어로서 웹 서비스나 애플리케이션을 개발하는 데 목적이 있습니다. 타 프로그래밍 언어에 비해 데이터 분석 기능이 잘 구축되어 있고, 텐서플로(TensorFlow)와 같은 딥러닝 라이브러리가 등장하면서 각광을 받았습니다.

정리하자면 사용 목적에 따라 도구를 선택하는 것이 바람직합니다.

데이터 분석에 주 목적이 있다면 R을 선택하고, 웹 서비스나 소프트웨어를 개발하는 데 데이터 분석을 활용하고자 한다면 파이썬을 선택하는 것이 좋습니다. 시간적 여유가 있다면 두 가지 모두 선택하는 것도 좋은 방법입니다.

④ R의 활용

❶ 통계 분석

데이터의 속성을 파악하는 기초 통계 분석부터 가설검정에 사용되는 고급 통계 분석 등 다양한 기법을 활용할 수 있으며, 그 통계의 결과를 간편하게 시각화할 수도 있습니다.

❷ 머신러닝 모델링

머신러닝은 데이터를 이용해 특정 변수를 예측할 수 있는 예측 모형을 만드는 기법입니다. R에서는 의사결정나무, Support Vector Machine, 딥러닝 등 다양한 패키지를 통해 머신러닝 알고리즘을 활용할 수 있으며, 이를 통해 전문적인 데이터 분석이 가능합니다.

❸ 텍스트 마이닝

문자로 이루어진 데이터를 분석하여 가짜 뉴스 탐지, 워드 클라우드, 소비자 후기 분석, 감정 분석 등 다양한 분야에서 활용할 수 있습니다.

❹ SNS 분석

인스타그램, 트위터, 페이스북 등 SNS에서 게시물의 데이터를 분석하여 마케팅 분야에서도 활용이 무궁무진하며 최근에는 디지털포렌식에서도 활용도가 높아지고 있습니다.

❺ 이미지, 음성 분석

이미지, 그림, 동영상, 음성 등에서 속성을 추출해 데이터로 변환할 수 있습니다. 추출된 데이터를 활용하여 인식, 식별 등 알고리즘을 개발하여 다양하게 활용할 수 있습니다.

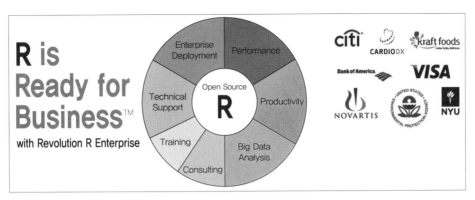

▲ R의 활용

데이터 분석 과정 알아보기

지금까지 데이터와 빅데이터의 정의, 데이터 분석의 중요성, 그리고 데이터 분석의 강력한 연장인 R에 대해서도 각 개념을 공부해봤습니다. 그럼 이제부터는 본격적으로 데이터 분석이라는 것이 어떤 과정을 거치며, 각 과정에서 어떤 점에 주의해야 하는지 한 가지 사례를 만들어 살펴보겠습니다.

■ 데이터 분석 과정

데이터 분석은 크게 분석 설계 → 데이터 수집 → 데이터 전처리 → 데이터 분석 → 결론 도출 과정을 거칩니다.

분석 설계	데이터 수집	데이터 전처리	데이터 분석	결론 도출
1. 문제 인식 2. 가설 설정 3. 변수 설정 4. 결과 추론	1. 데이터 수급 여부 파악 2. 데이터 준비 3. 형태 파악	1. 데이터 추출 2. 데이터 병합 3. 데이터 정제	1. 데이터 파악 2. 통계 분석 3. 시각화	1. 결과 해석 2. 가설 검증 3. 결과 정리 4. 문서화 5. 보완 및 재작업

다섯 구간의 과정은 의미 있는 결과를 도출할 때까지 전체 과정이 반복되며, 이 과정에서 어느 한 부분도 중요하지 않은 부분이 없지만 특히 데이터 분석 설계와 전처리 과정은 실제로 가장 많은 시간이 소요되며 데이터 분석의 핵심이라고 할 수 있습니다.

각 과정의 자세한 내용은 차근차근 뒤에서 공부하도록 하고, 지금은 한 편의 이야기를 읽듯이, 간단한 사례를 데이터 분석 과정 5단계에 걸쳐 적용시켜보겠습니다. 실제 독자 여러분들이 수행한다고 가정하고 읽어보도록 합시다.

❶ 분석 설계

여러분이 A시의 시장으로 부임이 되었다고 가정해봅시다.

이 시는 다른 시보다 범죄율이 높은 지역으로, 시장이 된 당신은 범죄율을 개선시켜야 하는 임무를 맡았습니다. (문제 인식)

범죄율 개선을 위해 여러 전문가들을 만나 '도대체 왜 A시에서 범죄율이 높게 나타나는지, 어떻게 해결을 해야 하는지'(데이터 분석의 목적)에 대해 몇 날 며칠을 고민하게 됩니다. 다양한 의견이 제시되고 그중 도시 관제 센터장이 다음과 같은 의견을 내놓습니다.

"A시 내에서도 특정 지역에 따라 범죄율이 다른데, 범죄율이 높은 지역에서 공통적으로 나타나는 특징들이 있을 것 같습니다. 공통적으로 나타나는 특징들을 추출하여 그 부분을 개선해보는 것이 어떨까요?"

시장인 당신은 그 의견이 논리적이라 판단하였고, 그럼 그 공통의 특징을 정리해서 보고하라고 지시합니다.

며칠 후 공통 특징에 대한 보고가 올라왔습니다. (가설 설정)

가설 1. CCTV의 개수에 따라 안전 지역이 나눠질 것이다.

가설 2. 가로등의 개수에 따라 안전 지역이 나눠질 것이다.

가설 3. 범죄자 거주 여부에 따라 안전 지역이 나눠질 것이다.

▲ 가설 설정

또한, 가설을 검증하기 위한 변수를 정리하고 다음과 같은 예측 결과를 추론하는 보고서도 함께 전달받았습니다. (변수 설정 및 결과 추론)

구분	종속 변수 [y]	분석 변수 (독립 변수[x])	결과 추론
가설 1	안전 지역	CCTV 개수	CCTV가 많을수록 안전할 것이다.
가설 2	안전 지역	가로등 개수	가로등이 많을수록 안전할 것이다.
가설 3	안전 지역	거주하는 범죄자 수	범죄자 수가 적을수록 안전할 것이다.

❷ 데이터 수집

데이터 분석 단계에서 가설과 변수를 설정, 예측되는 결과를 추론하는 등 전반적인 분석 방향을 계획했다면 데이터 수집 단계에서는 분석에 필요한 데이터를 준비해야 합니다. 위와 같은 상황에서는 분석 지역의 CCTV 개수, 가로등 개수, 거주하는 범죄자의 위치 및 집계가 필요할 것입니다. 각 필요한 데이터나 환경에 따라 데이터를 준비하는 방법은 다양한데, 필요한 데이터를 직접 입력하는 방식과 공공 데이터 등과 같이 이미 구성되어 있는 데이터를 찾아 활용하는 방식입니다.

일반적으로는 기존의 데이터를 찾아 활용하는 방식인데, 이 데이터들은 대부분 엑셀, TXT, CSV 파일의 형태로 구성되어 있습니다.

시장으로부터 데이터 분석 임무를 맡은 도시 관제 센터장은 분석 지역의 CCTV 업체, 주민센터, 국가기관 등 모든 곳을 활용하여 데이터를 수집합니다 (데이터 수급 여부 파악 및 데이터 준비).

1주일 후 수집된 데이터를 살펴보면서 데이터의 형태를 파악합니다. (형태 파악)
데이터 형태는 구조 및 구성 변수의 형태, 데이터 값에 초점을 두어 파악하게 되는데, 데이터를 살펴보니 결측치(값이 없는 값: NA) 및 불확실한 데이터들도 있다는 사실을 발견하게 됩니다. 일부 직접 조사하여 입력할 수 있는 값을 정리해서 다시 한번 데이터를 수집하고 본격적으로 데이터 가공을 위한 데이터 준비를 완료합니다.

❸ 데이터 전처리 (가공 및 통합)

데이터를 수집하고 형태를 분석하면 데이터를 목적에 맞게 가공하고 통합해야 합니다.

이를 보통 데이터 랭글링, 데이터 전처리 단계라고 부르고 사실상 이 전처리 과정이 실제로 가장 많은 시간과 노력을 필요로 합니다.

데이터 전처리 업무를 맡은 도시 관제 센터 팀장인 당신은 다음과 같은 데이터를 마주합니다.

순번	지역	범죄자 수	범죄자 가족 수	전자 발찌 착용 비율
1	A	20	40	10%
2	B	30	60	25%
3	C	40	80	20%
4	D	50	100	25%

▲ 이해를 돕기 위해 임의로 작성한 자료입니다.

범죄자 가족 수와 전자 발찌 착용 비율도 분석 지역의 안전도를 평가하는 데 중요한 지표가 될 수도 있지만, 일단은 본래 가설에 대입하기 애매하여 범죄자 가족 수와 전자 발찌 착용 비율 변수를 제거하고 필요한 변수의 데이터만 따로 추출합니다. (데이터 추출 및 병합, 정제)

순번	지역	범죄자 수
1	A	20
2	B	30
3	C	40
4	D	50

▲ 전체 변수 중 필요한 변수만 추출한 데이터 가공 예시

실제 데이터는 이보다 훨씬 더 복잡하고 많은 양을 전처리 해야 합니다. 데이터 분석의 전체적인 흐름 파악을 위해서 간단한 예시를 들었습니다. 또한 이처럼 데이터를 추출하는 것뿐만 아니라 목적에 맞게 데이터를 병합하고, 새로운 데이터를 생성하는 등 다양한 작업을 통해 데이터 가공을 진행합니다.

❹ 데이터 분석

다양한 변수를 필요 목적에 따라 가공하였으면, 이제 분석을 시행하는 단계입니다. 도시 관제 센터의 팀장은 데이터 분포의 수치적 특징을 파악하기 위해 기초 통계량 분석을 활용하거나, 다양한 그래프를 그리면서 미처 파악하지 못한 데이터 간의 상관관계를 발견하기도 합니다. 이런 과정을 거치면서 가설에 따라 적용할 수 있는 분석 방법론을 실제로 적용해봅니다.(데이터 파악, 통계 분석, 시각화)

❺ 결론 도출

팀장은 데이터 분석 결과를 가지고 다시 한번 가설을 검증하고 정리하여 최종 결과를 도출하여 도시 관제 센터 장에게 보고합니다. 데이터 분석 설계 단계에서 설정한 가설이 일치하는 부분도 있지만, 일부 분석 결과 일치하지 않는 부분도 발견하여 새로운 가설 및 방법론을 제시하기도 합니다. (결과 해석, 가설 검증, 결과 정리 등)

구분	종속 변수 [y]	분석 변수 (독립 변수[x])	데이터 분석 후 결론
가설 1	안전 지역	CCTV 개수	CCTV가 많을수록 안전하다.
가설 2	안전 지역	가로등 개수	가로등이 많을수록 안전한 것은 아니다.
가설 3	안전 지역	거주하는 범죄자 수	범죄자 수가 적다고 안전한 것은 아니다.

▲ 이해를 돕기 위해 임의로 작성한 자료입니다.

분석 보고서를 전해 받은 시장은 그 결과를 기반으로 또 다른 가설 설정과 데이터 분석을 통해 정책을 설정하고 예산을 수립하여 범죄율을 감소시키기 위한 업무를 진행해 나갑니다.

데이터 분석 과정 전반의 내용을 잘 읽어보셨나요?

실제 업무와 데이터 분석이 이처럼 간단하지도 않고, 반드시 이 모든 과정을 거친다는 가정을 하기에는 어렵지만 데이터 분석 과정의 주요 5단계 이해를 돕기 위해 이야기를 풀어나가 보았습니다. 각 단계를 일일이 모두 외울 필요는 없습니다. 하지만 데이터 분석의 큰 흐름을 잡는 것은 중요합니다. 각 단계별, 세부적인 내용은 본 책 뒷부분에서 차근차근 다루도록 하겠습니다.

다음 장에서는 드디어 본격적으로 데이터 분석을 위한 R과 R스튜디오를 설치해보겠습니다.

1. 데이터는 어떻게 빅데이터가 되었을까요?

- 하드웨어의 가격이 내려감에 따라 많은 데이터를 저장할 수 있게 되었습니다.
- 네트워크의 발전은 데이터를 빠른 속도로 수집할 수 있게 되었습니다.
- IT 기술의 발전은 기존 정형 데이터뿐만 아니라 음성, 이미지, 동영상 등 비정형 데이터도 쉽게 저장할 수 있게 되었습니다.
- R, 파이썬 등 통계 분석에 최적화된 프로그래밍 기술이 발전하면서 일반인도 쉽게 데이터에 접근하고 다룰 수 있는 능력을 향상시킬 수 있습니다.

2. 빅데이터의 가치(4V)

- **High-Volume(대용량)**
  데이터의 크기가 테라바이트(TB) 혹은 페타바이트(PB)에 이르기까지 많은 양의 데이터를 의미합니다.
- **High-Velocity(고가용성)**
  데이터가 만들어지고, 활용되는 속도의 발전을 의미합니다. 이는 네트워크, 즉 통신 기술이 발전함에 따라 데이터의 가용성도 함께 발전한 것입니다.
- **High-Variety(다양성)**
  데이터의 다양성은 단순히 데이터의 종류뿐만 아니라 가치와 활용에 있어서도 다양해진 것을 의미합니다. 이미지, 영상, 댓글, SNS, 고객 행동 등 반정형, 비정형 데이터 등 다양한 데이터 종류를 활용해 문제를 해결하고 미래를 예측하는 것에 초점을 맞추고 있습니다.
- **High-Value(가치)**
  데이터를 통해 수많은 비즈니스 모델이 생겨나고, 문제 해결을 위해 데이터의 가치가 강조되는 것을 의미합니다.

3. R의 장점과 단점

R은 데이터 분석에 특화된 프로그래밍 언어입니다.

❶ R의 장점

- R의 가장 큰 장점은 다양성입니다. R은 범용 분석 툴이기 때문에 어떤 형태의 데이터든 자유롭게 분석할 수 있습니다.
- R은 무료로 사용할 수 있는 오픈소스입니다.

- R은 입문자와 데이터 전문가 모두에게 매력적인 연장입니다.
- 다양한 패키지를 통해 시각화하기 좋습니다.

❷ **R의 단점**
- 데이터 분석에 특화된 프로그래밍 언어이므로 애플리케이션 개발에는 한계가 있습니다.

4. R vs 파이썬

사용 목적에 따라 도구를 선택하는 것이 바람직합니다. 데이터 분석에 주 목적이 있다면 R을 선택하고, 웹 서비스나 소프트웨어를 개발하는 데 데이터 분석을 활용하고자 한다면 파이썬을 선택하는 것이 좋습니다. 시간적 여유가 있다면 두 가지 모두 선택하는 것도 좋은 방법입니다.

5. R의 활용

R은 데이터 분석의 다양한 분야에서 활용할 수 있습니다.
- 통계 분석
- 머신러닝 모델링
- 텍스트 마이닝
- SNS 분석
- 이미지, 음성 분석

6. 데이터 분석 과정

분석 설계 ➡ 데이터 수집 ➡ 데이터 전처리 ➡ 데이터 분석 ➡ 결론 도출

분석 설계	데이터 수집	데이터 전처리	데이터 분석	결과 도출
1. 문제 인식 2. 가설 설정 3. 변수 설정 4. 결과 추론	1. 데이터 수급 여부 파악 2. 데이터 준비 3. 형태 파악	1. 데이터 추출 2. 데이터 병합 3. 데이터 정제	1. 데이터 파악 2. 통계 분석 3. 시각화	1. 결과 해석 2. 가설 검증 3. 결과 정리 4. 문서화 5. 보완 및 재작업

데이터 분석 환경 만들기_
R과 친해지기

"R은 데이터 분석 입문자부터 전문가까지 필요한 기능을 제공해주는 만능 데이터 분석 도구입니다.
이제 우리는 본격적으로 R과 R스튜디오를 설치하고 R이라는 좋은 연장을 사용하기 위해 알아두어
야 할 기본 내용들을 배워보도록 하겠습니다."

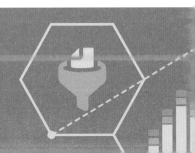

Point 1 **R과 R스튜디오 설치**

이 장에서는 본격적으로 R과 R스튜디오를 설치하고, 분석에 필요한 환경을 구축해보겠습니다. R은 언어 자체를 의미하며, R스튜디오는 R언어를 사용하기 편리하게 만들어주는 도구입니다.

먼저 R부터 설치해보도록 하겠습니다.

인터넷 브라우저에 R 프로젝트 공식 웹 사이트를 검색하고 접속합니다. 이 웹 사이트는 R 설치뿐만 아니라 R 관련 최신 뉴스도 확인할 수 있어 유용합니다.

The R Project for Statistical Computing

[Home]

Download

CRAN

R Project

About R
Logo
Contributors
What's New?
Reporting Bugs
Conferences
Search
Get Involved: Mailing Lists
Developer Pages
R Blog

R Foundation

Foundation
Board
Members
Donors
Donate

Help With R

Getting Help

Documentation

Manuals
FAQs

Getting Started

R is a free software environment for statistical computing and graphics. It compiles and runs on a wide variety of UNIX platforms, Windows and MacOS. To **download R**, please choose your preferred CRAN mirror.

If you have questions about R like how to download and install the software, or what the license terms are, please read our answers to frequently asked questions before you send an email.

News

- **R version 4.0.2 (Taking Off Again)** has been released on 2020-06-22.

- useR! 2020 in Saint Louis has been cancelled. The European hub planned in Munich will not be an in-person conference. Both organizing committees are working on the best course of action.

- **R version 3.6.3 (Holding the Windsock)** has been released on 2020-02-29.

- You can support the R Foundation with a renewable subscription as a supporting member

News via Twitter

The R Foundation Retweeted

useR2021zrh
@useR2021zrh
Follow @useR2021global for updates on the global virtual useR! 2021 - The Zurich team is excited to host this conference together with a global team! #rstats #useR2021 #useR2020

Jul 12, 2020

▲ R공식사이트 https://www.r-project.org/

■ R 설치 파일 다운로드 및 설치 방법

❶ 먼저 R프로젝트 공식 사이트인 CRAN Mirrors(https://cran.r-project.org/mirrors.html) 웹 사이트로 이동합니다. 스크롤을 내려 Korea 항목의 링크 중 하나를 클릭합니다. 어떤 것을 클릭해도 같은 내용의 사이트이며, 한국에 서버를 두고 있기 때문에 더욱 안정적으로 사용할 수 있습니다.

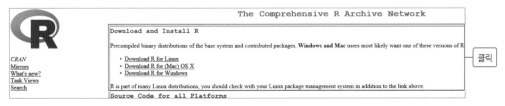

▲ R 설치 1

❷ Korea 미러 웹 페이지가 열리면 Download and Install R 영역이 보입니다. 각 OS(운영체제)별 설치 파일을 선택합니다. 본 책에서는 윈도우 운영체제를 기본으로 설명하므로 [Downloads R for Windows] 링크를 클릭합니다.

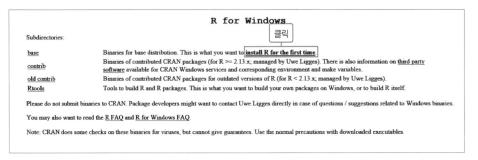

▲ R 설치 2

❸ R for Windows 페이지가 열리면 [install R for the first time] 링크를 클릭합니다.

▲ R 설치 3

❹ 페이지 위쪽에 R 버전과 함께 다운로드 링크가 표시되므로 가장 최신 버전인 [Download R x.x.x for Windows] 링크를 클릭하여 설치 파일을 다운로드합니다. 윈도우 버전과 비트는 따로 구별하지 않습니다.

R-4.0.3 for Windows (32/64 bit)

Download R 4.0.3 for Windows (85 megabytes, 32/64 bit)
Installation and other instructions
New features in this version

▲ R 설치 4

Tip
R은 오픈소스로 계속 업데이트 되기 때문에 최신 버전의 번호가 자주 바뀌게 됩니다.
주로 버그를 수정하거나 기능이 추가되는 것이므로 최신 버전을 다운로드합니다.

❺ 다운로드한 설치 파일을 실행해 설치합니다. 언어는 한국어로 설정하고, 나머지는 일반적으로 기본 설정을 유지합니다.

Tip
스타트업 옵션은 R 환경에서 help( ) 함수를 사용할 수 있도록 하는 옵션입니다. 우리는 주로 R스튜디오를 사용하므로 기본 상태인 [No]로 두고 [다음] 버튼을 누릅니다.

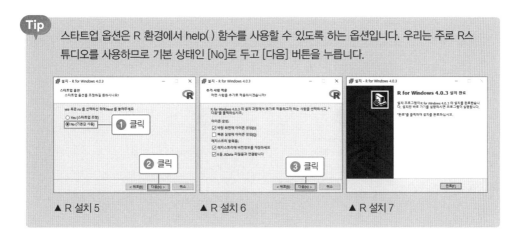

▲ R 설치 5   ▲ R 설치 6   ▲ R 설치 7

잘 따라오셨나요?

R 설치를 완료하였으니, 이제 R스튜디오를 설치하도록 합시다.

② R스튜디오 설치하기

R스튜디오는 R이 설치되어 있어야 사용할 수 있습니다.

R스튜디오 버전에는 무료로 사용할 수 있는 Open Source Edition과 매년 일정 비용을 지불해야 하는 Commersial License가 있습니다. 두 버전의 핵심적인 차이점은 문제 발생 시 지원이 가능한지의 유무입니다. R은 오픈소스 커뮤니티가 활성화되어 있어서 지금 단계에서는 지원을 받지 않고도 사용할 수 있으므로 무료 버전을 사용해도 충분합니다.

❶ 바로 R스튜디오 다운로드 페이지로 이동합니다.
(https://www.rstudio.com/products/rstudio/download)
Desktop과 Server 선택 페이지가 열리면 [RStudio Desktop] 링크를 클릭합니다.

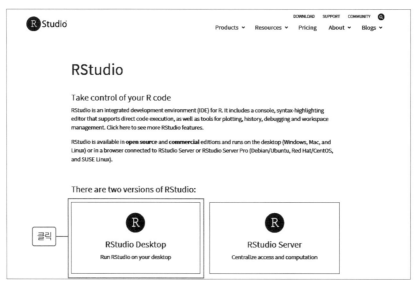

▲ R스튜디오 설치 1

Tip R Studio Server는 서버 프로그램이므로 리눅스 운영체제에서 작동합니다. R의 모든 기능과 GPU를 이용한 가속화 등을 이용하려면 필요하지만 본 책에서는 다루지 않습니다.

❷ Open Source Edition과 Commercial License 선택 페이지가 열리면 Open Source Edition이 [DOWNLOAD RSTUDIO DESKTOP] 버튼을 누릅니다.

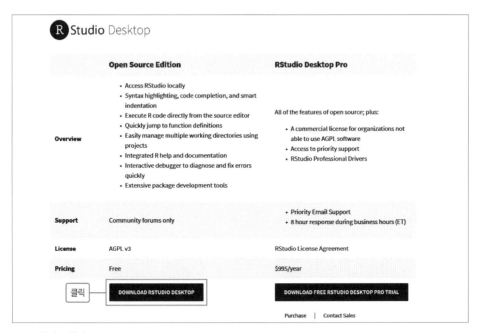

▲ R스튜디오 설치 2

❸ 다시 한번 R스튜디오 버전을 선택할 수 있는 페이지가 열립니다. 여기서도 RStudio Desktop Open Source License의 [DOWNLOAD] 버튼을 누릅니다.

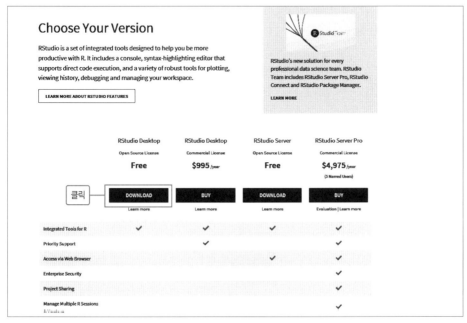

▲ R스튜디오 설치 3

❹ 사용자 환경에 맞는 OS 목록이 나타납니다. 각 OS에 최신 버전의 설치 파일을 다운로드합니다. 본 책에서는 R스튜디오 역시 윈도우용으로 설치를 진행했습니다.

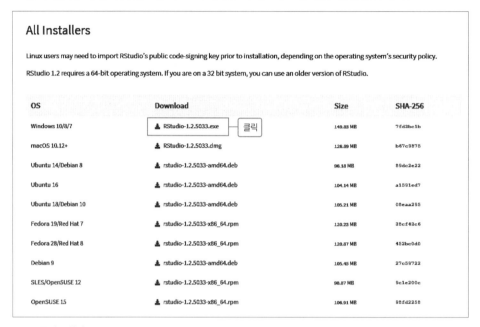

▲ R스튜디오 설치 4

❺ 다운로드가 끝나면 설치 파일을 실행합니다. 옵션 변경 없이 RStudio 설치 완료가 나타나면 [마침] 버튼을 누릅니다.

▲ R스튜디오 설치 5   ▲ R스튜디오 설치 6

Point 2 · R스튜디오 길들이기

연장을 잘 활용하기 위해서는 연장의 사용법을 확실히 알아두는 것이 좋겠죠?

데이터 분석을 더욱 용이하게 할 수 있도록 R스튜디오의 기본 기능을 숙지하고 손에 익혀보도록 하겠습니다.

설치된 R스튜디오를 실행하면 다음과 같은 창이 나타납니다.

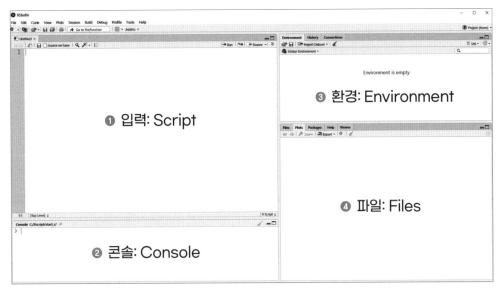

▲ R스튜디오 인터페이스

R스튜디오가 실행되면 왼쪽에 콘솔(Console) 창, 오른쪽 위에 환경(Environment) 창, 오른쪽 아래에 파일(Files) 창이 표시됩니다. 콘솔 창의 상단 맨 오른쪽에 파일 두 개가 겹쳐 있는 버튼이 있습니다. 이 버튼을 누르면 실제 코드를 작성할 수 있는 입력(Script) 창이 나타납니다. 항상 사용해야 하므로 열어 두어야 합니다.

그럼 이제 각 실행 창에 대해서 자세히 알아보도록 하겠습니다.

❶ 명령어를 입력하는 Script 창

스크립트 창은 일종의 문서 편집기입니다.

실행할 코드를 입력한 다음 필요한 코드만 Ctrl+Enter를 눌러 선택적으로 실행할 수 있습니다. 실행 결과는 콘솔 창으로 넘어가 실행되고 결과물이 출력됩니다

▲ Script 창 예시

스크립트 창의 코드는 한 줄씩 실행할 수도 있지만, 마우스로 드래그하거나 Shift+방향 키를 눌러 코드를 블록으로 지정한 후 Ctrl+Enter를 누르면 실행됩니다. 이처럼 Script 창에 코드를 입력하고 저장한 문서를 스크립트라고 합니다. 스크립트 창에 코드를 입력하게 되면 전체적인 작업 흐름을 확인할 수 있기 때문에 용이합니다.

❷ 명령어를 실행하는 Console/Terminal/Jobs 창

i. Console 창

RGui와 같이 코드를 바로 입력하고 실행할 때 사용합니다. Script 창에서 작성하고 실행한 코드 및 결과, 실행한 코드의 오류나 오류 메시지 등도 Console 창에 표시됩니다.

▲ Console 창 예시

Console 옆에 저장되는 워킹 디렉터리를 확인할 수 있습니다.

> 표시 옆에는 Script 창에서 실행된 코드가 순서대로 작성되며 [1]은 실행결과를 나타냅니다.

ii. Terminal 창/Jobs 창

Terminal 창은 함수를 입력하여 윈도우와 같은 운영체제를 직접 다룰 수 있는 창입니다. Jobs 창은 모니터링을 할 때 사용하지만 두 개 다 실제 사용할 일은 많지 않습니다. 탭 이름 오른쪽에 있는 아이콘의 x 버튼을 클릭해서 창을 닫아도 됩니다.

❸ 데이터 보관소 Environment/ History/Connections 창

i. Environment 창

데이터 분석을 하면서 생성된 데이터를 보여줍니다. Environment 창에서는 사용한 데이터 세트의 이름과 데이터 값을 확인할 수 있습니다.

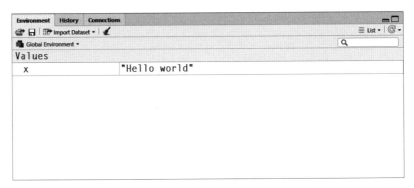

▲ Environment 창 예시

ii. History 창/Connections 창

History 창은 R스튜디오에서 실행한 코드, 결과, 패키지 설치, 오류 등 지난 이력을 확인할 수 있습니다.

▲ History 창 예시

Connections 창은 추후 데이터의 크기가 커지면 별도로 데이터베이스 서버를 두는 경우 R과 서버를 연결하는 창입니다. 본 책에서는 사용하지 않습니다.

❹ 만능 도구 Files/Plots/Packages/Help/Viewer 창

i. Files 창

윈도우에 있는 파일 탐색기와 형태도 비슷하지만 용도와 사용 방법도 유사합니다. R스튜디오에서 파일을 불러오거나 저장할 때 참조할 위치의 워킹 디렉터리와 내용을 보여줍니다. 기본적으로 워킹 디렉터리는 내문서 폴더로 지정되어 있습니다.

ii. Plots 창

R에서 데이터를 시각화하면 화면이 출력되는 곳입니다. 도표, 그래프 등 다양한 형태로 출력되며 출력된 화면을 이미지 파일이나 PDF 파일로 내보낼 수 있습니다.

iii. Packages 창

설치된 패키지 목록이 표시됩니다.

iv. Help 창

R을 사용하는 도중에 모르는 함수 및 패키지가 생겼을 때 도움말에서 입력하여 확인할 수 있습니다.

v. Viewer 창

R 코드를 HTML 등 웹 브라우저로 출력했을 때 결과를 보여줍니다.

Point 3 나만의 워킹 디렉터리 만들기

1 워킹 디렉터리 만들기

R과 R스튜디오 설치, R스튜디오의 기본 인터페이스까지 파악했다면 이제 자신만의 워킹 디렉터리를 만들어서 본격적으로 실습 준비를 완료하도록 합시다.

> **Tip** 워킹 디렉터리(Working Directory)는 스크립트와 분석 결과를 저장하거나 외부에서 파일을 불러올 때 기본적으로 사용하는 폴더입니다.

데이터를 분석하는 것만큼이나 데이터를 잘 관리하는 것은 중요합니다.

그러기 위해서는 각 분석 단위별로 프로젝트를 생성합니다. 예를 들어, 본 책과 함께하는 프

로젝트는 'start_r'이 될 수 있고, 실제 업무에서 활용하는 프로젝트는 'work_r'이 되는 등 본인이 구별하기 쉽게 프로젝트를 설정하고 그 프로젝트 폴더를 현재 작업하는 워킹 디렉터리로 지정되는 것입니다.

> **Tip**
> 프로젝트 = 지정 폴더 = 워킹 디렉터리라고 생각하시면 됩니다.

본 책의 프로젝트는 start_r이라고 지정하고 워킹 디렉터리를 만들어 보겠습니다.

> **Tip**
> C드라이브에서 먼저 Rscript 폴더를 생성합니다.

❶ R스튜디오 실행 창 가장 상단에 있는 [File] 버튼을 누르고 [New Project]를 선택합니다.

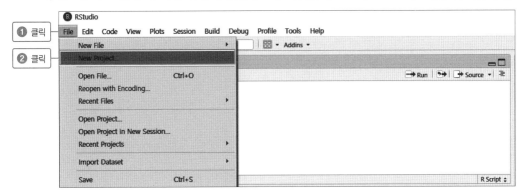

▲ 워킹 디렉터리 만들기 1

❷ [Create Project] → [New Directory] → [New Project] 버튼을 순서대로 선택합니다.

▲ 워킹 디렉터리 만들기 2   ▲ 워킹 디렉터리 만들기 2_2

❸ [Create New Project] 창이 나타나면 [Directory name] 칸에 사용하고 싶은 프로젝트 이름을 입력합니다. 본 책에서는 'start_r'을 입력합니다.

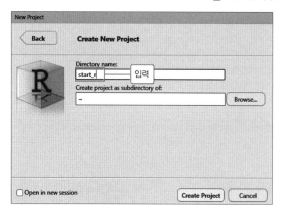

▲ 워킹 디렉터리 만들기 3

❹ [Create project as subdirectory of] 칸에는 저장할 위치를 선택합니다. 필자는 C드라 이브 아래 'Rscript' 폴더를 생성하였으므로 'C:/Rscript' 경로를 선택합니다. 모든 칸을 입력 후 [Create Project]를 누릅니다.

▲ 워킹 디렉터리 만들기 4

❺ 새 프로젝트가 만들어지고 R스튜디오가 재시작 됩니다. 파일 창의 워킹 디렉터리의 위치와 프로젝트 파일이 생성된 것을 볼 수 있습니다.

☑ 워킹 디렉터리를 시작 폴더 설정

R스튜디오가 실행될 때마다 start_r 워킹 디렉터리가 자동으로 불러올 수 있도록 설정해 보
겠습니다.

❶ R스튜디오 상단 메뉴바에서 R스튜디오 전반에 걸쳐 적용할 환경을 설정하는 [Tools →
Global Options]를 선택합니다

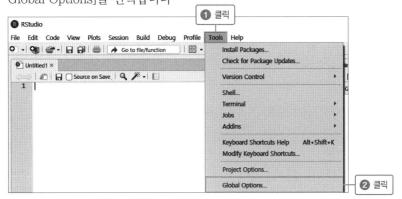

▲ 워킹 디렉터리 시작 폴더 설정 1

❷ Options 창이 열리면 [General] 대분류가 선택된 상태에서 Default Working
Directory 항목의 [Browse] 버튼을 클릭합니다. 앞에서 만든 실습 폴더인 [C:/
Rscript/start_r]로 지정하고 [OK] 버튼을 클릭합니다.

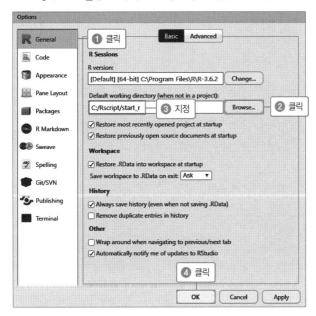

▲ 워킹 디렉터리 시작 폴더 설정 2

드디어 자신만의 워킹 디렉터리를 생성했으니 실제 작업이 수행되는 스크립트를 생성하여 디렉터리 안에 저장할 수 있습니다. 한 개의 프로젝트에서 하나의 스크립트만 이용하기도 하지만 여러 개의 스크립트를 만들 수도 있습니다.

그럼 이제 새로운 스크립트 창을 생성하고 저장하는 방법을 알아보겠습니다.

③ 스크립트 생성 및 저장

❶ 새로운 스크립트 창을 생성하려면 [File → New File → R Script]를 선택합니다. 단축 키 Ctrl+Shift+N 을 눌러 쉽게 만들 수 있습니다.

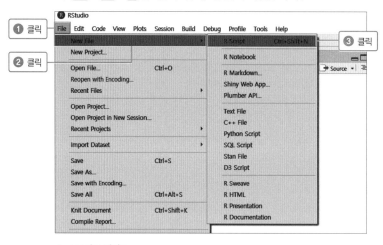

▲ 스크립트 생성 1

❷ 스크립트를 추가하면 다음과 같이 스크립트 창에 탭이 추가됩니다. 스크립트는 여러 개를 동시에 열고 사용할 수 있으며, Untitled라는 문구는 해당 스크립트가 아직 저장되지 않았다는 뜻입니다.

지금은 문법의 의미를 생각하지 않고 간단한 코드 print("Hello world")를 작성해봅니다.

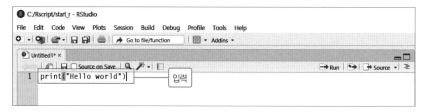

▲ 스크립트 생성 2

[File → Save]를 선택하면 저장됩니다. 단축키 Ctrl + S 를 누르거나 디스켓 모양 버튼을 클릭해도 저장됩니다.

❸ 저장 메뉴에는 프로젝트 폴더 위치가 표시됩니다. 원하는 스크립트 이름을 설정하고 [저장] 버튼을 누릅니다. 'start1'으로 저장하겠습니다. 파일 창을 확인하면 워킹 디렉터리 'start_r' 안에 'start1.R' 파일이 생성되었습니다.

▲ 스크립트 생성 3

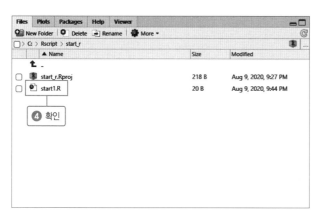

▲ 스크립트 생성 4

④ 코드 생성 및 실행

Script 창에서 코드를 작성하고 Enter를 누르면 행 번호가 추가되고 입력 커서가 다음 행으로 이동합니다. Script 창에서 코드를 실행할 때는 다음 방법을 이용합니다.

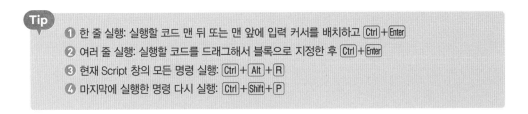

Tip
❶ 한 줄 실행: 실행할 코드 맨 뒤 또는 맨 앞에 입력 커서를 배치하고 Ctrl + Enter
❷ 여러 줄 실행: 실행할 코드를 드래그해서 블록으로 지정한 후 Ctrl + Enter
❸ 현재 Script 창의 모든 명령 실행: Ctrl + Alt + R
❹ 마지막에 실행한 명령 다시 실행: Ctrl + Shift + P

간단한 예시로 Script 창에 "Hello World"를 출력해보겠습니다. Script 창에 다음과 같이 코드를 입력하고 Ctrl + Enter를 눌러 실행하면 Console 창에서 실행된 결과를 확인할 수 있습니다. #은 실행되지 않는 주석입니다. 부가적인 설명을 적을 때 사용할 수 있습니다.

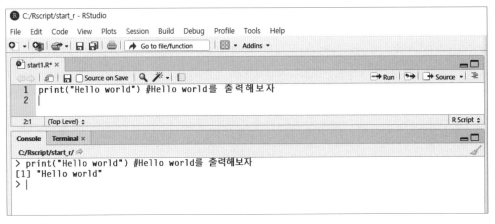

▲ 코드 실행

⑤ 도움말 사용하기

R은 다양한 함수를 활용할 수 있다는 장점을 가지고 있습니다. 하지만 이 모든 함수를 기억할 수는 없으며 기억할 필요도 없습니다. 잘 모르는 함수 및 함수의 철자가 기억나지 않을 때 R에서 제공하는 도움말 기능을 적절하게 사용함으로써 데이터 분석의 효율을 높일 수 있습니다.

❶ R 스튜디오의 Help( ) 함수와 Help 창

위에서 작성했던 print의 함수를 잘 모른다고 가정을 해봅시다. Script 창에서 help( ) 함수의 괄호 안에 다음과 같이 print를 입력하면 됩니다.

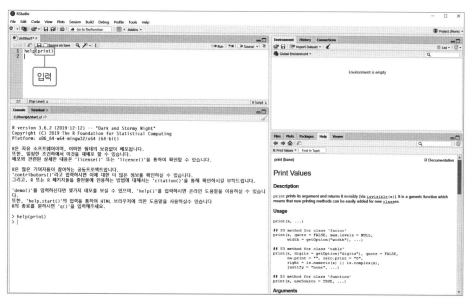

▲ 도움말 사용 예시

Script 창에서 help(print)를 치고 Ctrl + Enter 를 누르면 바로 오른쪽에 있는 Help 창에 도움말이 표시됩니다. Help 창에서는 help( ) 함수를 이용하지 않고 바로 오른쪽 검색 창에서 궁금한 내용을 찾아볼 수도 있습니다.

Tip 도움말의 첫 페이지를 보고 싶다면 help.start( ) 함수를 실행합니다.

또한, 위에서 언급한 것처럼 'print'라는 함수의 철자가 잘 기억나지 않으면 어떻게 해야 할까요? 'prin'만 안다고 가정하고 Help 창의 검색 필드에 입력해봅니다.

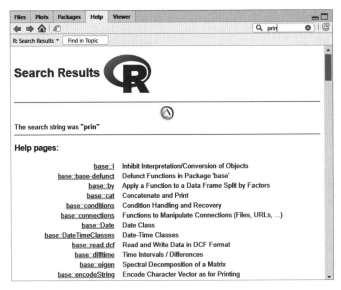

▲ 도움말 사용 예시

위와 같이 직관적으로 함수를 찾을 수 있도록 유사한 함수 목록이 표시되어 사용할 함수를 찾을 수 있습니다.

Point 4 **유용환 환경 설정 만들기**

프로그램을 효율적으로 잘 사용하기 위해서는 환경 설정이 중요합니다.
R스튜디오에는 두 종류의 환경 설정 메뉴가 있습니다.

글로벌 옵션 (Global Option)	R스튜디오 사용 전반에 영향을 미치는 옵션
프로젝트 옵션 (Project Option)	해당 프로젝트에만 해당되고, 프로젝트가 열려 있는 상태에서만 적용되는 옵션

프로젝트마다 서로 다른 방식으로 프로젝트 옵션을 설정할 수 있으므로 필요한 기능들로 설정해 둡니다. 본 책에서는 변경하지 않고 기본 설정대로 두고 작업합니다.

주요 환경 설정에 대해 몇 가지 설명하겠습니다.

1 인코딩 UTF-8 설정

스크립트 내용 중 한글이 제대로 표시되지 않는 경우가 있습니다. 한글은 One Character가 Two Byte이지만 영문은 One Character가 One Byte입니다. 즉 한글은 영문과 달리 ASCII 방식으로 저장되지 않기 때문에 생기는 문제입니다. 이럴 때는 인코딩 설정을 UTF-8 방식으로 변경해야 합니다.

[Tools → Global Options]를 선택합니다. Options 창이 열리면 [Code] 버튼을 선택한 후 [Saving] 탭을 클릭하고 Default text encoding 항목의 [Change] 버튼을 클릭합니다. Choose Encoding 창이 열리면 [UTF-8]을 선택하고 [OK] 버튼을 클릭합니다.

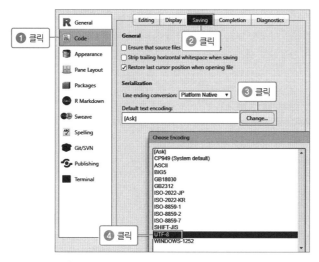

▲ 환경 설정 변경 1

2 글꼴 및 테마 설정

Options 창의 [Appearance] 버튼을 클릭합니다. 글꼴과 테마는 취향에 따라 자유롭게 변경할 수 있고, 사용할 글꼴 및 배경화면을 선택할 수 있는 세부 옵션에서 폰트, 글자 크기, 배경화면의 테마를 자유롭게 선택합니다. [OK] 버튼을 눌러 저장합니다.

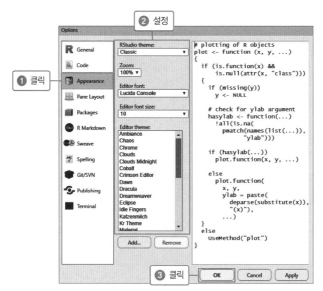

▲ 환경 설정 변경 2

3 Soft-wrap 자동 줄 바꿈 설정

코드가 화면을 벗어날 정도로 길어질 경우 자동으로 줄이 바뀔 수 있도록 설정합니다. 코드가 길어지게 되면 가독성을 위해서라도 기본적으로 설정해두는 것이 중요합니다.

[Tools → Global Options]를 선택합니다. Options 창이 열리면 [Code] 대분류를 선택한 후 [Soft-wrap R source files]를 체크 표시합니다.

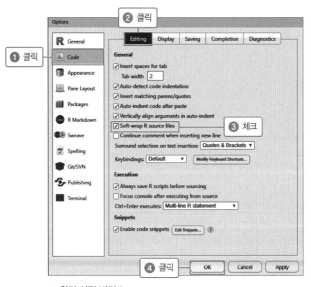

▲ 환경 설정 변경 3

Point 5 ／ 변수와 상수

앞으로 우리가 무수히 많이 보게 될 데이터 세트는 아래 예시와 같이 행과 열로 이루어져 있는 것이 일반적입니다. 데이터 세트는 행(관측치), 열(변수), 데이터 값 등 다양한 구성 요소를 포함하고 있고, 효율적인 데이터 분석을 위해서는 본 개념을 확실하게 알아 둬야 합니다.

ID	SEX	AGE	AREA
1	F	30	제주
2	F	23	제주
3	M	25	제주
4	M	56	제주
5	F	54	제주
6	F	43	제주
7	M	37	제주
8	F	43	제주
9	F	34	제주
10	M	54	제주

[개념 설명]

❶ 데이터 세트

위 표와 같이 행과 열로 이루어진 데이터 구조를 말합니다.

❷ 행(Row)

데이터 세트의 가로 영역으로 데이터의 관측치(Observations)라고도 부릅니다. 위 예시에서는 관측치가 10개입니다. ID 1번은 성별(SEX)이 F, 연령(AGE)이 30, 지역 (AREA)이 제주인 데이터로 구성되어 있습니다. ID별로 데이터를 수집해 놓은 것으로 이해하면 됩니다.

❸ 열(Column)

데이터 세트의 세로 영역으로 변수(Variable)라고도 부릅니다. 위 예시에서는 열이 4 개이며 ID, SEX, AGE, AREA 변수로 구성되어 있습니다.

❹ 데이터 값(Value)

관측된 값을 의미합니다. 위 예시에서 ID 5번의 관측치 중 성별(SEX)의 데이터 값은 F입니다.

1 변수란?

위 데이터 세트에서 세로 영역에 해당하는 부분을 변수라고 지칭하였습니다. 변수는 말 그 대로 '변하는 수'이며 데이터 분석의 대상이 됩니다. 10명 중에 여자가 많은지, 남자가 많은 지, 연령대가 어떻게 분포되는지 등은 변수의 값에 따라 달라지게 됩니다. 즉 데이터 분석은 변수 간에 어떤 관계를 가지고 있는지 파악하는 작업이라고 할 수 있습니다.

2 상수란?

상수는 변수와 반대되는 개념으로 하나의 값으로만 되어 있는 속성을 의미합니다. 위 데이터 세트에서 AREA의 데이터는 모두 제주임을 확인할 수 있습니다. 상수는 변수와 달리 데이터 분석에서 큰 영향을 차지하지 못합니다. 위 데이터 세트로는 모든 사람이 제주도에 거주하고 있기 때문에 지역에 따른 성별 차이나, 지역에 따른 연령 비율을 분석할 수 없습니다.

③ 변수 만들기

R에서 변수를 생성해보겠습니다. 일단 변수는 변하는 값이기에 먼저 변하는 값을 담을 그릇이 필요합니다. 여기선 그 그릇을 x라고 정해봅시다. 이 그릇에 10이라는 임의의 변수를 담으려고 합니다. 어떻게 하면 좋을까요?

❶ x ⟨- 10 형식으로 작성합니다. 이것은 '데이터 10을 변수 x에 할당합니다'라는 의미입니다. 여기서 '⟨-'는 할당 연산자(Assignment Operators)라고 하며, ⟨와 -를 결합해서 입력합니다.

간단하죠?

이외에도 다양한 방식으로 변수를 생성할 수 있습니다.

❷ c ( ) 함수 : c는 combine(합치다)의 약어로 데이터 값 여러 개를 변수로 구성할 때 사용합니다. 이때 c는 반드시 소문자여야 합니다.

❸ :(콜론) : 시작 숫자와 마지막 숫자 사이의 1씩 증가하는 연속 값을 변수로 구성합니다.

❹ seq( ) 함수 : seq는 sequence(연속)의 약어로 연속 값을 변수로 구성합니다. by=2와 같은 옵션을 추가하면 일정한 간격의 연속된 숫자로 구성된 변수를 생성할 수 있습니다.

R스튜디오에서 Script 창에 다음과 같이 코드를 작성합니다.

작성한 코드를 모두 드래그해서 블록으로 지정하고 Ctrl+Enter를 누르거나 전체 실행 단축키 Ctrl+Alt+R을 눌러 코드를 실행해봅니다.

</> 코드

```
x <- 10
x

x1<- c( 20,40,60 )
x1

x2<-c( 1:5 )
x2

x3<- seq( 10,15 )
x3
```

```
x4<- seq(5,10, by=2)
x4

x5<- " HI "
x5

x6<- c( " I ' m R ", " Good ", ' Hello ' )
x6
```

실습

```
x <- 10                              #x변수에 10을 할당
x                                    #x변수 조회

x1<- c(20,40,60)                     #x1 변수에 숫자 3개 20,40,60을 할당
x1                                   #x1 변수 조회

x2<- c(1:5)                          #x2 변수에 1부터5까지의 숫자를 할당
x2                                   #x2 변수 조회

x3<- seq(10,15)                      #x3 변수에 10부터15까지의 숫자를 할당 (:과 같음)
x3                                   #x3 변수 조회

x4<- seq(5,10, by=2)                 #x4 변수에 5부터10까지의 숫자에서 2간격으로 연속된 숫자를 할당
x4                                   #x4 변수 조회

x5<- "HI"                            #x5 변수에 "HI" 문자 데이터 할당
x5                                   #x5 변수 조회

x6<- c("I'am R", "Good", 'Hello')    #x6 변수에 "I'am R", "Good", "Hello" 문자 데이터 할당
x6                                   #x6 변수 조회
```

```
> x <- 10                            #x변수에 10을 할당

> x                                  #x변수 조회
[1] 10

> x1<- c(20,40,60)                   #x1 변수에 숫자 3개 20,40,60을 할당

> x1                                 #x1 변수 조회
[1] 20 40 60

> x2<- c(1:5)                        #x2 변수에 1부터5까지의 숫자를 할당

> x2                                 #x2 변수 조회
[1] 1 2 3 4 5

> x3<- seq(10,15)                    #x3 변수에 10부터15까지의 숫자를 할당 (:과 같음)

> x3                                 #x3 변수 조회
[1] 10 11 12 13 14 15

> x4<- seq(5,10, by=2)               #x4 변수에 5부터10까지의 숫자에서 2간격으로 연속된 숫자를 할당

> x4                                 #x4 변수 조회
[1] 5 7 9

> x5<- "HI"                          #x5 변수에 "HI" 문자 데이터 할당

> x5                                 #x5 변수 조회
[1] "HI"

> x6<- c("I'am R", "Good", 'Hello')  #x6 변수에 "I'am R", "Good", "Hello" 문자 데이터 할당

> x6                                 #x6 변수 조회
[1] "I'am R" "Good"    "Hello"
```

▲ 변수 실습 2

④ 변수명 생성 규칙

변수를 생성할 때는 변수명을 자유롭게 지을 수 있지만 다음 몇 가지 규칙을 지켜야 합니다. 또한 실제 분석에서는 x 또는 y와 같은 변수보다는 id, age, area와 같이 직관적이고 알아보기 쉽게 의미를 담아 변수명을 설정하는 것이 좋습니다.

❶ 첫 글자는 반드시 영문자(알파벳) 또는 마침표(.)여야 합니다. 하지만 마침표를 첫 글자로 사용하는 경우는 드뭅니다.

예 age, .age

❷ 두 번째 글자부터는 영문자, 숫자, 밑줄(_)을 사용할 수 있습니다.

예 a1ge, a_ge, a1_ge

❸ 대문자와 소문자를 구분합니다.

예 age과 Age은 서로 다른 변수

❹ 변수명 중간에 빈칸을 넣을 수 없습니다. 대개 _ 문자를 활용하여 빈칸을 표현합니다.

예 a ge는 변수명으로 사용 불가

변수명은 위와 같은 규칙을 지키되 기억하기 쉽고 일정한 규칙을 갖도록 짓는 것이 좋습니다. 또한 R은 대문자와 소문자를 구별하므로 가급적이면 소문자로 작성하는 것을 추천합니다.

Point 6 함수와 패키지

함수와 패키지는 데이터를 분석하는 데 꼭 필요한 요소이자 잘 알아두어야 할 요소입니다. 아무리 유능한 데이터 과학자일지라도 수많은 데이터를 하나하나 분석할 수는 없습니다. 기본적인 함수와 패키지를 익히고 경험과 연습을 통해 그때그때 필요한 함수와 패키지를 찾아 적용하고 응용할 수 있는 것이 가장 중요합니다.

즉 데이터 분석 공부는 함수들의 기능과 조작 방법을 익히는 과정이라고도 할 수 있습니다. 따라서 본 책에 제시된 함수와 패키지 정도는 정확하게 숙지하고 가면 좋습니다.

1 함수란?

함수는 무엇일까요? 중학생, 고등학생 시절 많은 함수 공식을 외웠던 기억이 있을 겁니다. 학창시절처럼 어려운 함수를 전부 외워야 할 필요는 없으니 걱정하지 않아도 됩니다.

간단하게 생각하면, 함수는 원하는 것을 만들어주는 상자라고 할 수 있습니다. 만약 우리가 숫자를 넣기만 하면 더해주는 더하기 상자를 만들었다고 예를 들어봅시다.

상자 안에는 [변수(x)+변수(y)]의 공식이 있고, 여러분이 이 상자에 x=2, y=3의 값을 넣으면 상자 밖으로는 2+3의 결과 값인 5가 나오게 됩니다.

마치 밀가루를 빵 만드는 기계에 넣으면 빵이 나오는 것처럼 이해하면 됩니다.

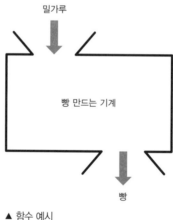

밀가루

빵 만드는 기계

빵

▲ 함수 예시

이처럼 연산을 통해 특정 값을 도출하는 함수 이외에도 변수를 변형하거나 그래프를 그리는 등 다양한 기능을 하는 함수들이 많이 있습니다.

간단한 예시를 통해 직접 R스튜디오에서 함수를 연습해보겠습니다.
변수 x에 c( )를 이용하여 5개의 숫자를 넣고 실행해보겠습니다.

⟨/⟩ 코드

```
x <- c(1,2,3,4,5)
```

⦿ 실습

```
1  x <-c(1,2,3,4,5)
2  |
3
4
5
6
7
2:1   (Top Level) ⬧                                          R Script ⬧
Console   Terminal ×                                          ▬□
C:/Rstudy/ ⏎
> x <-c(1,2,3,4,5)
> |
```

▲ 함수 예시

이 변수 x의 평균과 최댓값, 최솟값을 함수를 통해 연산해보겠습니다.

⟨/⟩ 코드

```
mean(x)
max(x)
min(x)
```

⦿ 실습

```
1  x <-c(1,2,3,4,5)
2  mean(x)
3  max(x)
4  min(x)
5
6
7
7:1   (Top Level) ⬧                                          R Script ⬧
Console   Terminal ×                                          ▬□
C:/Rstudy/ ⏎
> x <-c(1,2,3,4,5)
> mean(x)
[1] 3
> max(x)
[1] 5
> min(x)
[1] 1
> |
```

▲ 함수 예시

mean( ) 함수는 우리가 일반적으로 알고 있는 산술평균 값을 구해주는 함수이며, max( )는 변수 x가 가지고 있는 숫자 중에서 최댓값을 구해줍니다. min( )은 반대로 최솟값을 구해줍니다.

이처럼 함수는 편리하게 데이터 분석이 가능하도록 도와주는 역할을 합니다.

② 패키지란?

위에서 언급한 것처럼, 데이터 분석을 수월하게 하려면 원시 데이터를 가공하거나 결과를 시각화하는 등 다양한 기능을 가진 함수가 필요합니다. 그렇다고 모든 함수를 직접 만들어 사용하기에는 시간과 노력이 너무 많이 듭니다. 하지만 R의 가장 큰 장점은 다양한 패키지들이 존재한다는 것입니다. 전 세계 사람들이 다양한 기능을 가지고 있는 패키지를 만들어 무료로 배포하고 있습니다.

예를 들어 그래프를 그릴 때는 qplot( ) 함수를 많이 사용하는데, 이 함수는 ggplot2라는 패키지에 포함되어 있습니다. 이처럼 원하는 기능의 함수를 사용하려면 우선 어떤 패키지가 있고, 사용하려는 함수가 어느 패키지에 포함되어 있는지 파악해야 합니다. 필요한 패키지를 찾는 방법에 대해서 알아보도록 하겠습니다.

③ 필요한 패키지 찾기

R의 패키지는 모두 CRAN 웹 사이트에서 확인할 수 있습니다.

CRAN 웹 사이트에는 다음과 같이 패키지 목록을 정리한 페이지가 있습니다. 이 페이지에는 현재 R에서 사용할 수 있는 거의 모든 패키지가 알파벳순으로 정리되어 있어, 알파벳 링크를 클릭하면 선택한 알파벳으로 시작하는 패키지 목록으로 빠르게 이동할 수 있습니다.

```
                    Available CRAN Packages By Name

             A B C D E F G H I J K L M N O P Q R S T U V W X Y Z

A3                      Accurate, Adaptable, and Accessible Error Metrics for Predictive Models
aaSEA                   Amino Acid Substitution Effect Analyser
AATtools                Reliability and Scoring Routines for the Approach-Avoidance Task
ABACUS                  Apps Based Activities for Communicating and Understanding Statistics
abbyyR                  Access to Abbyy Optical Character Recognition (OCR) API
abc                     Tools for Approximate Bayesian Computation (ABC)
abc.data                Data Only: Tools for Approximate Bayesian Computation (ABC)
ABC.RAP                 Array Based CpG Region Analysis Pipeline
abcADM                  Fit Accumulated Damage Models and Estimate Reliability using ABC
ABCanalysis             Computed ABC Analysis
abcdeFBA                ABCDE_FBA: A-Biologist-Can-Do-Everything of Flux Balance Analysis with this package
ABCoptim                Implementation of Artificial Bee Colony (ABC) Optimization
ABCp2                   Approximate Bayesian Computational Model for Estimating P2
abcrf                   Approximate Bayesian Computation via Random Forests
abcrlda                 Asymptotically Bias-Corrected Regularized Linear Discriminant Analysis
abctools                Tools for ABC Analyses
abd                     The Analysis of Biological Data
abdiv                   Alpha and Beta Diversity Measures
abe                     Augmented Backward Elimination
abf2                    Load Gap-Free Axon ABF2 Files
ABHgenotypeR            Easy Visualization of ABH Genotypes
abind                   Combine Multidimensional Arrays
abjutils                Useful Tools for Jurimetrical Analysis Used by the Brazilian Jurimetrics Association
abnormality             Measure a Subject's Abnormality with Respect to a Reference Population
abodOutlier             Angle-Based Outlier Detection
ABPS                    The Abnormal Blood Profile Score to Detect Blood Doping
AbsFilterGSEA           Improved False Positive Control of Gene-Permuting GSEA with Absolute Filtering
AbSim                   Time Resolved Simulations of Antibody Repertoires
abstractr               An R-Shiny Application for Creating Visual Abstracts
```

▲ R의 다양한 패키지

Tip **바로가기 링크**

https://cran.r-project.org/web/packages/available_packages_by_name.html

사용할 패키지명을 알고 있다면 이 방법으로 쉽게 찾을 수 있으며, 패키지명을 클릭하면 상
세한 사용 방법과 버전 등의 정보도 확인할 수 있습니다. 예를 들어 그래프를 만들 때 가장
많이 사용하는 패키지인 ggplot2를 클릭해봅니다.

```
ggplot2: Create Elegant Data Visualisations Using the Grammar of Graphics

A system for 'declaratively' creating graphics, based on "The Grammar of Graphics". You provide the data, tell 'ggplot2' how to map variables to
aesthetics, what graphical primitives to use, and it takes care of the details.
```

Version:	3.3.2
Depends:	R (≥ 3.2)
Imports:	digest, glue, grDevices, grid, gtable (≥ 0.1.1), isoband, MASS, mgcv, rlang (≥ 0.3.0), scales (≥ 0.5.0), stats, tibble, withr (≥ 2.0.0)
Suggests:	covr, dplyr, ggplot2movies, hexbin, Hmisc, knitr, lattice, mapproj, maps, maptools, multcomp, munsell, nlme, profvis, quantreg, RColorBrewer, rgeos, rmarkdown, rpart, sf (≥ 0.7-3), svglite (≥ 1.2.0.9001), testthat (≥ 2.1.0), vdiffr (≥ 0.3.0)
Enhances:	sp
Published:	2020-06-19
Author:	Hadley Wickham ⓘ [aut], Winston Chang ⓘ [aut], Lionel Henry [aut], Thomas Lin Pedersen ⓘ [aut, cre], Kohske Takahashi [aut], Claus Wilke ⓘ [aut], Kara Woo ⓘ [aut], Hiroaki Yutani ⓘ [aut], Dewey Dunnington ⓘ [aut], RStudio [cph, fnd]
Maintainer:	Thomas Lin Pedersen <thomas.pedersen at rstudio.com>
BugReports:	https://github.com/tidyverse/ggplot2/issues
License:	GPL-2 | file LICENSE
URL:	http://ggplot2.tidyverse.org, https://github.com/tidyverse/ggplot2
NeedsCompilation: no	
Citation:	ggplot2 citation info
Materials:	README NEWS
In views:	Graphics, Phylogenetics, TeachingStatistics
CRAN checks:	ggplot2 results

```
Downloads:
```

Reference manual: ggplot2.pdf	
Vignettes:	Extending ggplot2
	Using ggplot2 in packages
	Aesthetic specifications
Package source:	ggplot2_3.3.2.tar.gz
Windows binaries: r-devel: ggplot2_3.3.2.zip, r-release: ggplot2_3.3.2.zip, r-oldrel: ggplot2_3.3.2.zip	
macOS binaries:	r-release: ggplot2_3.3.2.tgz, r-oldrel: ggplot2_3.3.2.tgz
Old sources:	ggplot2 archive

▲ ggplot2 패키지 설명

선택한 패키지의 상세 정보 페이지에는 해당 패키지의 현재 버전(Version), 만든 사람(Author), 배포 날짜(Published) 등 패키지의 세부 정보가 나타납니다. Reference Manual에 있는 링크를 클릭하여 패키지 사용법이 정리된 pdf 파일을 다운로드할 수도 있습니다.

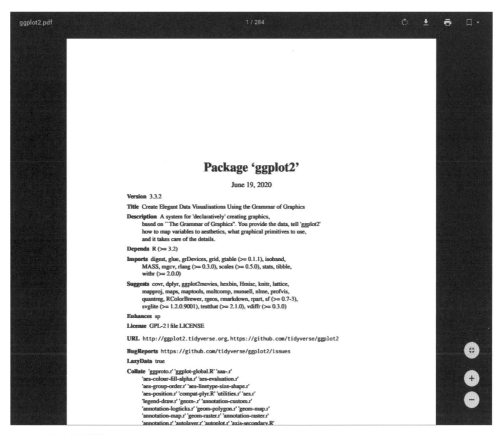

▲ ggplot2 패키지 설명

④ 기능에 따른 패키지 분류

앞에서 소개한 방법은 사용할 패키지를 알고 있고 구체적인 정보가 필요할 때 활용할 수 있는 방법입니다. 하지만 어떤 특정 기능을 사용해야 하는데, 어떤 패키지를 써야 할지 모를 수도 있습니다. 이럴 때는 어떻게 해야 할까요?

CRAN 웹 사이트에는 분야별로 패키지를 정리해 놓은 페이지를 확인하면 됩니다.

▲ ggplot2 패키지 설명

Tip 바로가기 링크

https://cran.r-project.org/web/views/

Topics 목록에서 분야를 선택한 후 상세 페이지에서 사용할 패키지를 확인하면 됩니다. 예를 들어 그래프를 통해 최종 시각화를 표현하기 위해서는 분야별 페이지에서 [Graphics] 링크를 클릭하여 그래프 관련 패키지 목록을 확인합니다.

```
CRAN packages:

  • ade4
  • animation
  • ape
  • aplpack
  • ash
  • biclust
  • Cairo
  • cairoDevice
  • cba
  • colorspace
  • diagram
  • dichromat
  • gclus
  • ggplot2 (core)
  • gplots
  • gridBase
  • hexbin
  • IDPmisc
  • igraph
  • iplots
  • JavaGD
  • klaR
  • lattice (core)
  • latticeExtra
  • misc3d
  • onion
  • plotrix (core)
  • RColorBrewer (core)
  • rgl (core)
  • RGraphics
  • RGtk2
  • RSvgDevice
  • RSVGTipsDevice
  • scagnostics
  • scatterplot3d
  • seriation
```

▲ Graphics

⑤ 패키지 설치 및 로드하기

사용할 패키지를 찾고 확인했다면 설치 및 로드 과정이 필요합니다. 단, 패키지 설치는 지속
적으로 유지되는 반면 로드 과정은 휘발성입니다. 즉 로드 과정은 R스튜디오를 새로 시작할
때마다 실행해야 합니다.

❶ 패키지를 설치하는 다양한 방법

패키지를 설치하는 방법에는 코드를 입력해서 설치하는 방법과 R스튜디오의 인터페이
스를 이용하는 방법이 있습니다. 여기서 소개하는 방법은 모두 인터넷에 연결되어 있을
때 쓸 수 있는 방법입니다.

❷ 함수를 이용해서 설치하기

코드를 익숙하게 작성할 수 있다면 install.packages("패키지명") 형식으로 코드를 작성한 후 실행하여 패키지를 설치합니다. 이 방법은 R의 기본 Console 창이나 R스튜디오의 Script 창 또는 Console 창 어디서나 동일하게 실행할 수 있습니다.

데이터를 재가공하는 데 자주 사용하는 reshape2 패키지를 설치해보겠습니다.

⟨/⟩ 코드

```
install.packages("reshape2")
```

⚙ 실습

```
1  install.packages("reshape2")
2  |
3
4
5
```

▲ 패키지 설치

Reshape2 패키지를 설치하는 명령을 실행했더니 reshape2 패키지뿐만 아니라 reshape2 패키지가 구동되기 위해 추가로 필요한 glue 패키지와 magrittr 패키지도 등도 함께 설치된 것을 알 수 있습니다.

```
package 'glue' successfully unpacked and MD5 sums checked
package 'magrittr' successfully unpacked and MD5 sums checked
package 'stringi' successfully unpacked and MD5 sums checked
package 'plyr' successfully unpacked and MD5 sums checked
package 'Rcpp' successfully unpacked and MD5 sums checked
package 'stringr' successfully unpacked and MD5 sums checked
package 'reshape2' successfully unpacked and MD5 sums checked

The downloaded binary packages are in
        C:\Users\maddo\AppData\Local\Temp\RtmpGuTgyY\downloaded_packages
> |
```

▲ 패키지 설치

❸ R스튜디오의 인터페이스를 이용하여 설치

R스튜디오를 이용하면 패키지 설치 및 관리가 더욱 수월합니다. R스튜디오 오른쪽 아래에 있는 Packages 창을 이용하는 방법입니다. [Packages] 탭을 클릭해서 창을 열면 현재까지 설치된 패키지 목록이 표시됩니다.

Packages 창 오른쪽 위에 있는 검색 필드를 이용하거나 알파벳순으로 정렬된 목록에서 필요한 패키지를 찾아봅니다. 원하는 패키지가 보이지 않으면 설치를 진행해야 합니다. Packages 창 왼쪽 위에 있는 [Install] 버튼을 클릭합니다.

▲ 패키지 설치

Install Packages 창이 열리면 Packages 입력 필드에 설치할 패키지명을 입력하고 [Install] 버튼을 클릭합니다.

▲ 패키지 설치

Console 창을 확인하면 Script 창을 이용할 때와 동일하게 설치가 진행되는 것을 확인할 수 있습니다.

❹ 패키지 확인 및 로드하기

패키지를 설치했다면 사용할 수 있도록 불러오는 과정을 진행해야 합니다. 패키지를 로드하려면 library( ) 함수를 사용합니다. 우선 Script 창에 패키지명 없이 다음과 같이 입력한 후 실행해봅니다.

코드

```
library( )
```

실습

```
1  library()
2
```

▲ 패키지 로드

오직 library( ) 함수만 입력한 후 실행하면 패키지 설치 경로와 설치된 패키지 목록이 R packages available 창에 표시됩니다. 실제로 설치한 패키지 이외에도 R을 설치하면서 기본적으로 설치된 패키지도 있으므로 생각보다 많은 패키지 목록이 나타납니다.

한 번 설치한 패키지는 삭제하기 전까지는 계속 불러와 사용할 수 있습니다. 다만 R스튜디오를 다시 실행하면 사용할 패키지를 다시 불러와야 합니다. 그렇다고 만 개 가량의 R 패키지를 모두 설치해 놓고 사용하기에는 용량이 너무 커 메모리에 부담을 줄 수 있습니다.

```
다음은 라이브러리 에 있는 'C:/Users/maddo/Documents/R/win-library/3.6' 패키지들입니다:

glue                Interpreted String Literals
magrittr            A Forward-Pipe Operator for R
plyr                Tools for Splitting, Applying and Combining Data
Rcpp                Seamless R and C++ Integration
reshape2            Flexibly Reshape Data: A Reboot of the Reshape
                    Package
stringi             Character String Processing Facilities
stringr             Simple, Consistent Wrappers for Common String
                    Operations
다음은 라이브러리
에 있는 'C:/Program Files/R/R-3.6.2/library' 패키지들입니다:

base                The R Base Package
boot                Bootstrap Functions (Originally by Angelo Canty
                    for S)
class               Functions for Classification
cluster             "Finding Groups in Data": Cluster Analysis
                    Extended Rousseeuw et al.
codetools           Code Analysis Tools for R
compiler            The R Compiler Package
datasets            The R Datasets Package
foreign             Read Data Stored by 'Minitab', 'S', 'SAS', 'SPSS',
                    'Stata', 'Systat', 'Weka', 'dBase', ...
graphics            The R Graphics Package
grDevices           The R Graphics Devices and Support for Colours and
                    Fonts
grid                The Grid Graphics Package
KernSmooth          Functions for Kernel Smoothing Supporting Wand &
                    Jones (1995)
lattice             Trellis Graphics for R
MASS                Support Functions and Datasets for Venables and
                    Ripley's MASS
Matrix              Sparse and Dense Matrix Classes and Methods
methods             Formal Methods and Classes
mgcv                Mixed GAM Computation Vehicle with Automatic
                    Smoothness Estimation
nlme                Linear and Nonlinear Mixed Effects Models
nnet                Feed-Forward Neural Networks and Multinomial
```

▲ 패키지 로드

방금 전 설치한 reshape2 패키지를 불러와 보겠습니다. 다음과 같이 코드를 작성한 후 실행합니다.

> **Tip** 패키지 로드 시에는 큰따옴표를 사용하지 않습니다.

 코드

```
library(reshape2)
```

실습

```
1  library(reshape2)
2  |
3
4
5
```

▲ 패키지 로드

Console 창에 프롬프트(〉)가 표시되면 불러온 패키지를 사용할 준비가 되었다는 의미입니다. 간혹 설치한 R 버전보다 불러온 패키지 버전이 높다는 경고 메시지가 나타나면 R 프로그램을 업데이트하면 해결됩니다. 업데이트는 R 설치 방법을 참고하여 최신 버전으로 다시 설치하면 됩니다.

```
> library(reshape2)
경고메시지(들):
패키지 'reshape2'는 R 버전 3.6.3에서 작성되었습니다
> |
```

▲ 패키지 로드

패키지 로드의 간편한 방법은 R스튜디오의 Packages 창에서 로드할 패키지를 체크하는 것입니다.

⑥ 컴퓨터 간 동일한 패키지 환경 만들기

업무 환경에 따라 여러 대의 컴퓨터를 이용하거나 일정하지 않은 환경에서 작업할 때가 있습니다. 이럴 때마다 필요한 패키지를 다시 설치하려면 번거롭습니다. 컴퓨터 간 동일한 패키지 환경을 만들어보겠습니다.

❶ 패키지 폴더 압축하기

library( ) 함수나 Install Packages 창에 표시된 패키지 설치 폴더로 이동합니다. 폴더로 구분된 패키지 목록이 표시되면 모든 폴더를 선택한 후 *.zip 파일로 압축합니다.

디렉터리에 가서 Ctrl+A (전체 선택)를 누르고 .zip으로 압축합니다.

❷ 전체 패키지 설치하기

R스튜디오의 메뉴 바에서 [Tools → Install Packages]를 선택하거나 Packages 창에 있는 [Install] 버튼을 클릭합니다.

❸ Install Packages 창이 열리면 Install from 항목을 [Packages Archive File]로 변경합니다.

파일 선택 창이 열리면 패키지 압축 파일을 찾아 선택한 후 [Install] 버튼을 클릭합니다. 팝업 창이 열리지 않으면 Package archive 항목의 [Browse] 버튼을 클릭한 후 압축 파일을 찾아 선택합니다.

1. R&RStudio

- R은 CRAN Mirrors (https://cran.r-project.org/mirrors.html) 웹 사이트에서 설치합니다.
- R스튜디오는 R이 설치되어 있어야 사용할 수 있습니다.
- R스튜디오는 https://www.rstudio.com/products/rstudio/download 에서 설치합니다.

2. RStudio 인터페이스

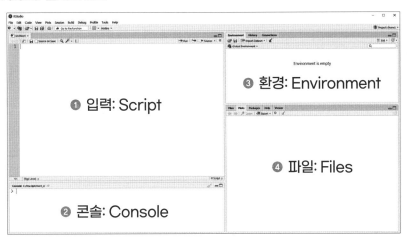

❶ 입력: Script
❷ 콘솔: Console
❸ 환경: Environment
❹ 파일: Files

- 명령어를 입력하는 Script 창
- 명령어를 실행하는 Console/Terminal/Jobs 창
- 데이터 보관소 Environment/History/Connections 창
- 만능 도구 Files/ Plots/Packages/Help/Viewer 창

3. 워킹 디렉터리 만들기

- 워킹 디렉터리(Working Directory)는 스크립트와 분석 결과를 저장하거나 외부에서 파일을 불러올 때 기본적으로 사용하는 폴더입니다.
- 데이터 분석 목적에 맞는 워킹 디렉터리를 생성하여 관리하는 것이 편리합니다.

4. 스크립트 생성 및 저장, 실행

- **스크립트 생성** : [File → New File → R Script]를 선택합니다. 단축키 Ctrl + Shift + N을 눌러 쉽게 만들 수 있습니다.

- **스크립트 저장** : [File → Save]를 선택합니다. 단축키 `Ctrl`+`S`를 누르거나 디스켓 모양 버튼을 클릭해도 저장됩니다.
- **스크립트 실행** : 코드를 작성하고 `Enter`를 누르면 행 번호가 추가되고 입력 커서가 다음 행으로 이동합니다. 코드를 실행할 때는 다음 방법을 이용합니다.

❶ 한 줄 실행 : 실행할 코드 맨 뒤 또는 맨 앞에 입력 커서를 배치하고 `Ctrl`+`Enter`
❷ 여러 줄 실행 : 실행할 코드를 드래그해서 블록으로 지정한 후 `Ctrl`+`Enter`
❸ 현재 Script 창의 모든 명령 실행 : `Ctrl`+`Alt`+`R`
❹ 마지막에 실행한 명령 다시 실행 : `Ctrl`+`Shift`+`P`

5. 도움말 사용하기

- help( ) 함수를 사용하거나 Help 창에 직접 입력할 수 있습니다.
- 철자를 완벽하게 작성하지 않아도 됩니다.
- help.start( )는 도움말의 첫 페이지를 확인할 수 있습니다.

6. 환경 설정

글로벌 옵션 (Global Option)	R스튜디오 사용 전반에 영향을 미치는 옵션
프로젝트 옵션 (Project Option)	해당 프로젝트에만 해당되고, 프로젝트가 열려 있는 상태에서만 적용되는 옵션

Global Options 설명

General	R 버전, 워킹 디렉터리, 자동 저장 등 기본 설정
Code	들여쓰기, 줄 바꿈 등 코드 작성 관련 기능 설정
Appearance	화면 구성, 테마, 글꼴 등 화면 설정
Pane Layout	창 위치 설정
Packages	CRAN mirror 서버, 패키지 다운로드 등 패키지 관련 설정
R Markdown	R 마크 다운로드 문서 작성 도구 설정
Sweave	LaTeX, PDF 등 문서 출력 기능 설정
Spelling	오디 검두 기능 설정

GitSVN	버전 관리 시스템 설정
Publishing	온라인 배포 설정

7. R변수와 상수

- 변수란? '변하는 수'이며 데이터 분석의 대상이 됩니다. 데이터 분석은 변수 간에 어떤 관계를 가지고 있는지 파악하는 작업이라고 할 수 있습니다.
- 상수란? 상수는 변수와 반대되는 개념으로 하나의 값으로만 되어 있는 속성을 의미합니다. 상수는 변수와 달리 데이터 분석에서 큰 영향을 차지하지 못합니다.

ID	SEX	AGE	AREA
1	F	30	제주
2	F	23	제주
3	M	25	제주
4	M	56	제주
5	F	54	제주
6	F	43	제주
7	M	37	제주
8	F	43	제주
9	F	34	제주
10	M	54	제주

❶ 데이터 세트 : 위 표와 같이 행과 열로 이루어진 데이터 구조를 말합니다.

- 행(Row) : 데이터 세트의 가로 영역으로 데이터의 관측치(Observations)라고도 부릅니다. 위 예시에서는 관측치가 10개입니다. ID 1번은 성별(SEX)이 F, 연령(AGE)이 30, 지역(AREA)이 제주인 데이터로 구성되어 있습니다. ID별로 데이터를 수집해 놓은 것으로 이해하면 됩니다.

❷ 열(Column) : 데이터 세트의 세로 영역으로 변수(Variable)라고도 부릅니다. 위 예시에서는 열이 4개이며 ID, SEX, AGE, AREA 변수로 구성되어 있습니다.

❸ 데이터 값(Value) : 관측된 값을 의미합니다. 위 예시에서 ID 5번의 관측치 중 성별(SEX)의 데이터 값은 F입니다.

데이터 구조와 형태_
데이터는 어떻게 생겼는가?

"데이터가 어떤 모습을 하고 있는지에 따라서 데이터 분석의 방향성이 결정됩니다.
R에서는 데이터의 구조와 형태를 파악할 수 있는 다양한 함수들이 존재하고,
또한 데이터의 구조와 형태에 따라 사용할 수 있는 함수들이 구분됩니다.
기본 중에 기본이지만 가장 중요한 데이터의 구조와 형태를 배워봅시다."

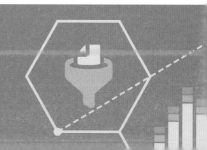

Point 1 **데이터 종류 및 구조**

데이터는 구조와 형태에 따라 벡터, 행렬, 배열, 리스트, 데이터 프레임으로 구분할 수 있습니다. 이러한 데이터는 구조는 비슷해도 각 속성이 다릅니다.

데이터의 각 구조를 살펴보기 전에 데이터 구조 간 관계를 파악하면 좀 더 쉽게 이해할 수 있습니다. 구체적인 설명에 앞서 다음 표를 보고 데이터 구조에 어떤 것이 있는지 살펴봅니다.

구분	1차원	2차원	n차원
단일형	벡터	행렬	배열
다중형	리스트	데이터 프레임	–

1 단일형과 다중형

데이터는 형태에 따라 크게 단일형과 다중형으로 나눠집니다. 데이터 형태가 한 가지면 단일형 데이터이고, 여러 가지이면 다중형 데이터입니다.

❶ 단일형

숫자형 또는 문자형과 같이 한 가지 데이터 형태로만 구성된 데이터입니다. 벡터, 행렬, 배열이 단일형 데이터 구조에 속합니다.

❷ 다중형

숫자 데이터 또는 문자 데이터 등 여러 가지 데이터 형태로 구성된 데이터입니다. 리스트와 데이터 프레임이 다중형 데이터에 속합니다.

2 차원에 따른 분류

차원은 데이터 내에서 특정 데이터 값을 찾을 때 필요한 정보의 개수라고 생각하면 쉽습니다. 즉 1차원 데이터는 직선 위에 데이터 값이 나열되어 있으므로 찾고자 하는 값이 기준점을 중심으로 얼마만큼 떨어져 있는지(몇 번째인지)만 알면 됩니다.

반면 2차원은 두 가지 정보, n차원은 n가지 정보를 알아야 원하는 값을 찾을 수 있습니다. 좀 더 쉽게 표현하면 다음과 같이 1차원에서는 x값, 2차원에서는 x값과 y값, 3차원에서는 x, y ,z값을 알아야 원하는 값을 찾을 수 있습니다.

데이터 구조의 가장 기본인 벡터

데이터 구조의 가장 기본 형태로, 변수 생성 실습에서 만든 데이터가 바로 벡터(Vector)입니다. 벡터는 1차원이며 동일한 데이터 형태로 구성된 데이터입니다. 데이터 형으로는 숫자형(Numeric), 정수형(Integer), 문자형(Character), 논리형(Logical)을 가질 수 있습니다.

1 숫자형 벡터

숫자형 벡터(Numeric Vector)는 중학교 수학 시간에 배운 실수 범위에 해당하는 모든 숫자를 말합니다. 실수형 벡터(Double Vector)라고도 부릅니다. 즉 정수(양수, 0, 음수), 유리수, 무리수를 모두 포함하는 숫자를 데이터화하면 숫자형 벡터가 됩니다. 이러한 숫자형 벡터는 연산이 가능합니다.

정수형 벡터(Integer Vector)는 정수만으로 구성된 데이터입니다. 숫자형 벡터는 정수형 벡터를 포함하므로 정수형 벡터보다 숫자형 벡터를 더 많이 활용합니다.

다음과 같이 Script 창에 숫자형 벡터를 생성하는 코드를 작성한 후 블록으로 지정하고 실행해봅니다.

</> 코드

```
vector1 <- c(-1, 0, 1, 4, 100)
```

⚙ 실습

```
1   vector1 <- c(-1, 0, 1, 4, 100)
2   vector1
3   |
4
5
6
7
3:1   (Top Level) ÷                                              R Script ÷
Console   Terminal ×                                              ▬▢
C:/Rstudy/
> vector1 <- c(-1, 0, 1, 4, 100)
> vector1
[1]  -1   0   1   4 100
> |
```

▲ 벡터

실행 결과에 표시되는 [1]은 데이터 위치를 알려 줍니다. 즉 위 결과에서 [1]은 출력한 벡터 중 첫 번째 요소부터 표시했다는 의미입니다.

str( ) 함수와 length( ) 함수를 이용하여 생성한 숫자형 벡터 변수의 속성과 길이를 확인해 봅니다.

</> 코드

```
str(vector1)
length(vector1)
```

◎ 실습

```
   4  str(vector1)
   5  length(vector1)
   6  |
   7
   8
   9
6:1    (Top Level) ÷                                                R Script ÷

Console  Terminal ×                                                      ─ □
C:/Rstudy/
> vector1 <- c(-1, 0, 1, 4, 100)
> vector1
[1]  -1   0   1   4 100
> str(vector1)
 num [1:5] -1 0 1 4 100
> length(vector1)
[1] 5
> |
```

▲ 숫자형 벡터

str( ) 함수는 데이터 형(숫자형, 문자형, 논리형), 데이터 길이, 데이터 값을 총체적으로 확인할 수 있는 함수입니다. 데이터 형만 파악하려면 typeof( ) 또는 model( ) 함수를 사용합니다.

변수의 속성이 num, 즉 숫자형 벡터라는 것과 포함된 데이터 값을 확인할 수 있습니다. 또한 데이터 길이(length)가 5라는 것도 알 수 있습니다.

② 문자형 벡터

문자형 벡터(Character Vector)는 문자로 이루어진 데이터입니다. 변수를 생성할 때와 마찬가지로 할당할 문자 데이터를 따옴표(" " 또는 ' ')로 감싼 형식으로 구성합니다. 다음과 같이 코드를 작성하고 실행해봅니다.

</> 코드

```
vector2 <- c( " R ", " Hello " )
vector2
```

🔵 실습

```
1  vector2 <- c("R", "Hello")
2  vector2
3  |
4
5
6
7
3:1    (Top Level) ÷                                          R Script ÷
```

```
Console   Terminal ×                                          ─ □
C:/Rstudy/
> vector2 <- c("R", "Hello")
> vector2
[1] "R"      "Hello"
> |
```

▲ 문자형 벡터

입력한 문자가 잘 출력된 것을 확인할 수 있습니다.

③ 논리형 벡터

논리형 벡터(Logical Vector)는 TRUE와 FALSE라는 논리값으로 이루어진 데이터입니다. 논리형 벡터는 주로 데이터 값을 비교할 때 사용합니다. 논리값인 TRUE와 FALSE는 따옴표를 쓰지 않으며 대문자로 작성해야 하고 앞 글자만 따서 T, F 형식으로 작성해도 됩니다.

</> 코드

```
vector3 <- c( TRUE, FALSE )
vector3
```

```
1  vector3 <- c(TRUE, FALSE)
2  vector3
3  |
4
5
6
7
```
3:1   (Top Level) ‡   R Script ‡

Console **Terminal** ×   ▬ ❐
C:/Rstudy/ ⇦   🖍
```
> vector3 <- c(TRUE, FALSE)
> vector3
[1]  TRUE FALSE
> |
```

▲ 논리형 벡터

다음과 같이 코드를 작성하고 실행하여 변수의 속성을 확인해봅니다.

● 코드

```
str( vector3 )
```

● 실습

```
4  str(vector3)
5  |
6
7
8
```
5:1   (Top Level) ‡   R Script ‡

Console **Terminal** ×   ▬ ❐
C:/Rstudy/ ⇦   🖍
```
> vector3 <- c(TRUE, FALSE)
> vector3
[1]  TRUE FALSE
> str(vector3)
 logi [1:2] TRUE FALSE
> |
```

▲ 논리형 벡터

vector3 변수는 논리형 데이터(logi)인 것을 확인할 수 있습니다.

Point 3 **행렬과 배열**

행렬(Matrix)은 행과 열로 구성된 데이터 세트입니다.

배열(Array)은 행렬의 구조를 n차원으로 확대한 데이터 세트입니다.

1 행렬 생성하기

행렬 데이터는 단일형이며 행과 열로 구성된 2차원 데이터입니다. 행렬 데이터는 matrix( ) 함수를 이용하여 다음과 같은 형식으로 생성할 수 있습니다.

matrix(변수명, nrow=행 개수, ncol=열 개수)

먼저 matrix( ) 함수의 괄호 안에 행렬로 배치할 데이터 값인 변수를 입력하고, nrow 인수와 ncol 인수를 사용하여 행과 열의 개수를 지정합니다. 다음과 같이 코드를 작성한 후 실행하여 인수에 따라 벡터가 어떻게 구성되는지 살펴봅니다.

</> 코드

```
x <- c(1,2,3,4,5,6)
matrix(x, nrow=3, ncol=2)
matrix(x, nrow=2, ncol=3)
```

실습

```
1  x <- c(1,2,3,4,5,6)
2  matrix(x, nrow =3, ncol=2)
3  matrix(x, nrow =2, ncol=3)
4  |
5
6
7
4:1    (Top Level) ♦                                          R Script ♦
```

```
Console   Terminal ×
C:/Rstudy/
> x <- c(1,2,3,4,5,6)
> matrix(x, nrow =3, ncol=2)
     [,1] [,2]
[1,]    1    4
[2,]    2    5
[3,]    3    6
> matrix(x, nrow =2, ncol=3)
     [,1] [,2] [,3]
[1,]    1    3    5
[2,]    2    4    6
>
```

▲ 행렬

실행 결과에서 뒤에 쉼표(,)가 있는 [1,]은 1행 데이터, 앞에 쉼표가 있는 [,1]은 1열 데이터를 의미합니다. 결과를 보면 지정한 인수에 따라 3행 2열과 2행 3열의 행렬 데이터가 생성된 것을 알 수 있습니다.

x 변수에 데이터를 할당하는 코드를 작성하지 않고, 곧바로 x 변수 자리에 c(1,2,3,4,5,6)을 입력하여 matrix(c(1,2,3,4,5,6), nrow=2, ncol=3)으로 작성해도 결과는 같습니다.

</> 코드

```
matrix(c(1,2,3,4,5,6), nrow=2, ncol=3)
```

⚙ 실습

```
1
2    matrix(c(1,2,3,4,5,6), nrow=2, ncol=3)
3    |
4
```
3:1   (Top Level) ÷   R Script ÷

Console Terminal ×   ▬ ▢
C:/Rstudy/
> matrix(c(1,2,3,4,5,6), nrow=2, ncol=3)
     [,1] [,2] [,3]
[1,]   1   3   5
[2,]   2   4   6
> |

▲ 행렬

앞의 결과를 통해 행렬의 개수에 따라 벡터 데이터가 위에서 아래로 순서대로 배치되는 것을 알 수 있습니다. 배치 순서는 byrow=T 옵션을 추가하여 변경할 수 있습니다. 다음과 같이 코드를 작성한 후 실행해서 결과를 비교해봅니다.

</> 코드

```
matrix(c(1,2,3,4,5,6), nrow=2, ncol=3)
matrix(c(1,2,3,4,5,6), nrow=2, ncol=3, byrow=T)
```

```
1
2    matrix(c(1,2,3,4,5,6), nrow=2, ncol=3)
3    matrix(c(1,2,3,4,5,6), nrow=2, ncol=3, byrow = T)
4    |
```

```
4:1    (Top Level) ≑                                                          R Script ≑
```

```
Console   Terminal ×                                                            ▬ ☐
C:/Rstudy/ ⌐
> matrix(c(1,2,3,4,5,6), nrow=2, ncol=3)
     [,1] [,2] [,3]
[1,]    1    3    5
[2,]    2    4    6
> matrix(c(1,2,3,4,5,6), nrow=2, ncol=3, byrow = T)
     [,1] [,2] [,3]
[1,]    1    2    3
[2,]    4    5    6
> |
```

▲ 행렬

옵션을 추가했더니 같은 2×3 행렬이지만 배치되는 데이터 값의 순서가 왼쪽에서 오른쪽으로 바뀐 것을 알 수 있습니다.

② 배열 생성하기

배열(Array)은 행렬을 n 차원으로 확대한 구조로 단일형 데이터입니다. 배열은 array( ) 함수를 이용하여 다음과 같은 형식으로 생성합니다.

array(변수명, dim=c(행 수, 열 수, 차원 수))

다음과 같이 코드를 작성한 후 실행하여 배열을 생성해봅니다.

</> 코드

```
x<-c(1,2,3,4,5,6)
array(x, dim= c(3,2,2))
```

```
1  x <- c(1,2,3,4,5,6)
2  array(x, dim = c(3,2,2))
3  |
```

```
3:1   (Top Level) ÷                                                    R Script ÷
Console   Terminal ×                                                       ─ ☐
C:/Rstudy/ ⌖                                                                  ✎
> x <- c(1,2,3,4,5,6)
> array(x, dim = c(3,2,2))
, , 1

     [,1] [,2]
[1,]    1    4
[2,]    2    5
[3,]    3    6

, , 2

     [,1] [,2]
[1,]    1    4
[2,]    2    5
[3,]    3    6

> |
```

▲ 배열

행렬을 생성했을 때의 실행 결과와 달리 ,,1,,2가 출력됩니다. 차원을 의미하는 표시로 순서대로 1차원, 2차원 데이터를 행과 열로 구분하여 표현합니다.

Point 4 리스트와 데이터 프레임

리스트(List)는 1차원 데이터인 벡터나 서로 다른 구조의 데이터를 그룹으로 묶은 데이터 세트를 말합니다. 이러한 리스트를 2차원으로 확대한 것이 데이터 프레임입니다.

1 리스트 생성하기

리스트는 1차원이며, 다중형 데이터입니다. 즉 숫자형과 문자형 등 여러 가지 데이터 형을 동시에 포함할 수 있는 데이터 세트입니다. 다음과 같이 숫자형과 문자형을 모두 포함하는 리스트를 생성해보겠습니다. 리스트는 list( ) 함수를 사용하여 생성합니다.

```
list<- list(c(1,2,3), "R")
list
```

```
1  list <- list(c(1,2,3), "R")
2  list
3  |
```

```
3:1   (Top Level) ÷                                          R Script ÷
Console  Terminal ×                                             ─ □
C:/Rstudy/ 
> list <- list(c(1,2,3), "R")
> list
[[1]]
[1] 1 2 3

[[2]]
[1] "R"

> |
```

▲ 리스트

리스트 생성 결과를 보면 [[1]], [[2]]와 같이 출력됩니다. 해당 리스트에 포함된 값을 데이터 형별로 구분해서 출력한 것입니다. 이를 통해 리스트에 포함된 형, 즉 데이터를 몇 가지 데이터 형으로 묶은 것인지 파악할 수 있습니다. 실습에서 생성한 list1은 숫자형 벡터(c(1,2,3))와 문자형 벡터 ("R")이라는 두 가지 데이터 형으로 구성된 것을 알 수 있습니다.

좀 더 확실하게 변수 속성을 확인해보겠습니다. 다음과 같이 코드를 작성한 후 실행해 봅니다.

```
list<- list(c(1,2,3), "R")
list
str(list)
```

```
1  list <- list(c(1,2,3), "R")
2  list
3
4  str(list)
5  |
```

```
5:1    (Top Level) ≑                                          R Script ≑

Console   Terminal ×                                              ▬◻
C/Rstudy/ ⌨                                                         🖌
> list <- list(c(1,2,3), "R")
> list
[[1]]
[1] 1 2 3

[[2]]
[1] "R"

> str(list)
List of 2
 $ : num [1:3] 1 2 3
 $ : chr "R"
> |
```

▲ 리스트

'List of 2', 즉 두 가지 데이터 형으로 구성된 리스트라는 결과가 출력됩니다. 그중 첫 번째는 숫자형(num)으로 이루어진 길이가 3인 데이터 1, 2, 3이고, 두 번째는 문자형(chr)으로 이루어진 데이터 "R"이라는 것을 확인할 수 있습니다.

② 데이터 프레임 생성하기

데이터 프레임은 이후 실습뿐만 아니라 실제 업무에서 가장 많이 사용하는 데이터 세트입니다.

데이터 프레임(Data Frame)은 숫자형 벡터, 문자형 벡터 등 서로 다른 형태의 데이터를 묶을 수 있는 다중형 데이터 세트입니다. 얼핏 보면 행렬 데이터와 유사해 보이지만 데이터 프레임의 각 열에는 변수명이 있어야 합니다. 엑셀의 데이터 구조와 매우 유사하며, 변수명을 이용하면 데이터를 가공할 때 용이합니다. 데이터 프레임은 data.frame( ) 함수를 이용하여 다음과 같은 형식으로 생성할 수 있습니다.

data.frame(변수명1, 변수명2, … , 변수명 n)

실습을 통해 구제적인 생성 방법과 구성을 살펴보겠습니다.

```
ID<- c(1,2,3,4,5)
SEX<-c("M","F","F","M","F")
AREA<-c("한국","미국","중국","일본","영국")

df_example <- data.frame(ID,SEX,AREA)
df_example
```

🔅 실습

```
1  ID <- c(1,2,3,4,5)
2  SEX <- c("M","F","F","M","F")
3  AREA <- c("한국", "미국", "중국", "일본", "영국")
4
5  df_example <- data.frame(ID, SEX, AREA)
6  df_example
7  |
```

```
7:1    (Top Level) ▾                                                    R Script ▾
Console   Terminal ×                                                    ─ ☐
C:/Rstudy/ ⇨                                                              🖌
> ID <- c(1,2,3,4,5)
> SEX <- c("M","F","F","M","F")
> AREA <- c("한국", "미국", "중국", "일본", "영국")
> df_example <- data.frame(ID, SEX, AREA)
> df_example
  ID SEX AREA
1  1   M 한국
2  2   F 미국
3  3   F 중국
4  4   M 일본
5  5   F 영국
> |
```

▲ 데이터 프레임

실행 결과를 통해 데이터 값, 즉 관측치가 5개고 변수가 3개인 데이터 프레임이 생성된 것을
확인할 수 있습니다.

str( ) 함수를 이용해 좀 더 정확하게 변수 속성을 파악해보겠습니다.

〈/〉 코드

```
str(df_example)
```

```
1  ID <- c(1,2,3,4,5)
2  SEX <- c("M","F","F","M","F")
3  AREA <- c("한국", "미국", "중국", "일본", "영국")
4
5  df_example <- data.frame(ID, SEX, AREA)
6  df_example
7
8  str(df_example)
9
```

```
9:1   (Top Level) ÷                                                R Script ÷
```

```
Console  Terminal ×                                                  ▬ ☐
C:/Rstudy/

> ID <- c(1,2,3,4,5)
> SEX <- c("M","F","F","M","F")
> AREA <- c("한국", "미국", "중국", "일본", "영국")
> df_example <- data.frame(ID, SEX, AREA)
> df_example
  ID SEX AREA
1  1   M 한국
2  2   F 미국
3  3   F 중국
4  4   M 일본
5  5   F 영국
> str(df_example)
'data.frame':   5 obs. of  3 variables:
 $ ID  : num  1 2 3 4 5
 $ SEX : Factor w/ 2 levels "F","M": 2 1 1 2 1
 $ AREA: Factor w/ 5 levels "미국","영국",...: 5 1 4 3 2
> |
```

▲ 데이터 프레임

'data.frame': 5 obs. Of 3 variables를 통해 변수가 3개(3 Variables)이고, 관측치가 5개(5 Observations)인 데이터 프레임이라는 것을 알 수 있습니다.

또한 다음과 같이 변수별로 구체적인 정보도 파악할 수 있습니다.

- ID: 숫자형(num) 숫자 데이터 10개 (1 2 3 4 5) 를 포함합니다.
- SEX: 요소 2개 ("F","M")를 데이터 값으로 포함하고 있으며, F=1, M=2 값으로 치환된 데이터를 확인할 수 있습니다.
- AREA: 요소 5개 ("미국","영국", …)를 데이터 값으로 포함하고 있으며, 각 지역별 숫자 값으로 치환된 데이터를 확인할 수 있습니다.

데이터 프레임으로 데이터를 구성할 때는 각 변수에 들어 있는 관측치의 개수가 동일해야만 data.frame( ) 함수를 적용할 수 있습니다. 예를 들면 ID 변수에 관측치가 5개 있으면 SEX에도 관측치가 5개 있어야 합니다. SEX 관측치가4 개이면 ID와 SEX 프레임으로 data.frame( ) 함수를 적용할 때 오류가 발생합니다.

지금까지 데이터 분석의 가장 기초인 데이터와 빅데이터의 정의, R스튜디오 활용법, 데이터 구조 등에 대해 다뤄보았습니다. 기본적인 내용이지만 가장 중요한 내용이므로 완전히 자신의 것으로 습득될 때까지 연습해봐야 합니다.

다음 장은 본격적으로 R스튜디오를 활용하여 데이터를 수집, 가공하고 R에서 제공하는 유용한 패키지들을 사용해보겠습니다. 또한 다양한 그래프를 통해 시각화하는 과정까지 연습해보도록 하겠습니다.

1. 데이터의 종류 및 구조

데이터는 구조와 형태에 따라 벡터, 행렬, 배열, 리스트, 데이터 프레임으로 구분할 수 있습니다. 이러한 데이터는 구조는 비슷해도 속성이 다릅니다.

구분	1차원	2차원	n차원
단일형	벡터	행렬	배열
다중형	리스트	데이터 프레임	–

2. 데이터 구조의 가장 기본적인 벡터

데이터 구조의 가장 기본 형태로, 변수 생성 실습에서 만든 데이터가 바로 벡터(Vector)입니다. 벡터는 1차원이며, 동일한 데이터 형태로 구성된 데이터입니다. 데이터 형으로는 숫자형(Numeric), 정수형(Integer), 문자형(Character), 논리형(Logical)을 가질 수 있습니다.

3. 행렬과 배열

행렬(Matrix)은 행과 열로 구성된 데이터 세트입니다. 배열(Array)은 행렬의 구조를 n차원으로 확대한 데이터 세트입니다.

4. 리스트와 데이터 프레임

리스트(List)는 1차원 데이터인 벡터나 서로 다른 구조의 데이터를 그룹으로 묶은 데이터 세트를 말합니다. 이러한 리스트를 2차원으로 확대한 것이 데이터 프레임입니다.

PART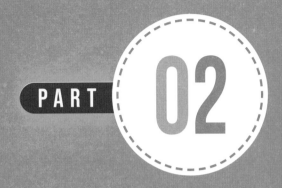

데이터 분석의
준비운동

데이터 준비하기_
데이터 수집의 다양한 방법

"데이터를 분석하기 위해서는 먼저 데이터가 준비되어야겠죠?

데이터 과학자들이라 하면 멋있게 데이터를 분석하고 시각화하는 모습만을 상상하겠지만

사실은 데이터 분석에서 가장 중요하고 시간이 많이 소요되는 작업은

데이터를 수집하고, 목적에 맞게 데이터를 가공하는 과정입니다.

멋진 요리를 만들기 위해 어떤 재료를 어떻게 준비해야 하는지 함께 살펴보도록 합시다."

데이터 분석을 하기 위해서는 먼저 분석할 데이터를 준비해야 합니다.

데이터를 준비하는 방법에는 여러 가지가 있습니다.

그중 가장 기본적인 방법에는 직접 데이터를 입력하는 방법과 외부에서 생성한 데이터를 찾아 불러오는 방법이 있습니다. 본 책에서는 직접 데이터를 입력해보는 방법과 외부에서 생성한 데이터를 불러오는 방법 모두 배워보겠습니다.

Point 1 직접 데이터 입력해보기_데이터 프레임 생성

실제 여러분이 데이터 분석을 하기 위해서는 주로 외부에서 파일을 가져와 목적에 맞게 가공하여 사용하는 경우가 많습니다. 하지만 이러한 과정에서 실제로 추가 데이터를 보완하거나, 아예 처음부터 작업을 하는 경우도 있으므로 먼저 실제 데이터를 입력해 데이터 프레임을 만들어봅시다.

1 원시 자료 입력하기

R에서의 원시 자료 입력은 데이터를 변수에 할당하는 방식으로 구성합니다. 예를 들어 데이터 값 1,2,3을 변수 x로 구성하려면 PART 01에서 배운 바와 같이 x <- c(1,2,3) 형태로 코드를 작성하면 됩니다.

3명의 학생이 국어 시험과 수학 시험을 봤다고 가정하고, 그 성적표를 데이터 프레임으로 만들어 보겠습니다.

이름(name)	국어 점수(korean)	수학 점수(math)
하은지	90	70
채수린	80	90
김민지	70	60

❶ 데이터를 변수에 할당하기

국어 점수를 korean, 수학 점수를 math로 변수명 설정을 하고, 각 데이터를 담아보겠습니다.

```
korean<- c(90,80,70)
korean

math<-c(70,90,60)
math
```

실습

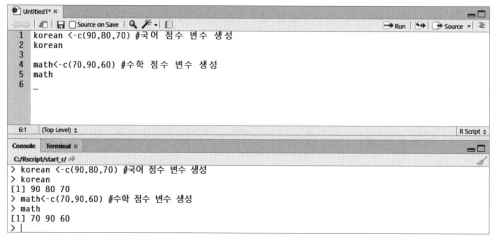

▲ 변수 생성

❷ 데이터 프레임 만들기

두 변수를 가지고 데이터 프레임을 만들어 보겠습니다. 데이터 프레임을 만들기 위해서는 data.frame( ) 함수를 이용합니다. 괄호 안에 변수를 쉼표로 나열하면 됩니다. df_example 변수를 생성하여 데이터 프레임을 할당해보겠습니다.

코드

```
df_example<-data.frame(korean,math)
df_example
```

● 실습

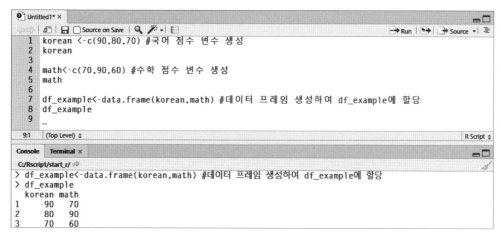

```
 1  korean <-c(90,80,70) #국어 점수 변수 생성
 2  korean
 3
 4  math<-c(70,90,60) #수학 점수 변수 생성
 5  math
 6
 7  df_example<-data.frame(korean,math) #데이터 프레임 생성하여 df_example에 할당
 8  df_example
 9  _
```

```
> df_example<-data.frame(korean,math) #데이터 프레임 생성하여 df_example에 할당
> df_example
  korean math
1     90   70
2     80   90
3     70   60
```

▲ 데이터 프레임 생성

1번과 2번을 나누지 않고 다음과 같이 한꺼번에 만들 수도 있습니다.

● 코드

```
df_example<-data.frame(korean=c(90,80,70),
math=c(70,90,60))
df_example
```

● 실습

```
 1  df_example <- data.frame(korean= c(90,80,70),
 2                              math= c(70,90,60))     #데이터 프레임 일괄 생성하기
 3  df_example
 4  _
 5
```

```
> df_example <- data.frame(korean= c(90,80,70),
+                             math= c(70,90,60))     #데이터 프레임 일괄 생성하기
> df_example
  korean math
1     90   70
2     80   90
3     70   60
```

▲ 데이터 프레임 일괄 생성하기

View( ) 함수를 사용하여 데이터 프레임이 정상적으로 생성되었는지 확인해보겠습니다.

 Tip View( )는 데이터를 확인하는 함수로 V를 반드시 대문자로 입력해야 합니다.

‹/› 코드

```
View(df_example)
```

⚙ 실습

```
df_example <- data.frame(korean= c(90,80,70),
                         math= c(70,90,60))      #데이터 프레임 일괄 생성하기
df_example

View(df_example) #View()함수 사용하기
```

```
> df_example <- data.frame(korean= c(90,80,70),
+                          math= c(70,90,60))      #데이터 프레임 일괄 생성하기
> df_example
  korean math
1     90   70
2     80   90
3     70   60
> View(df_example) #View()함수 사용하기
> |
```

▲ View( ) 함수 사용하기

View( ) 함수를 사용하면 스크립트 옆에 표 모양의 아이콘으로 엑셀 형식의 데이터 프레임이 생성된 것을 확인할 수 있습니다.

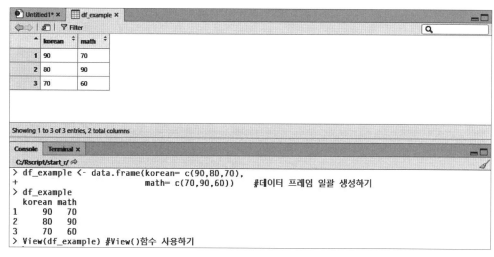

▲ View( ) 함수 확인하기

❸ 분석하기

만들어진 df_example 데이터 프레임을 가지고 국어 점수와 수학 점수의 평균을 각각 mean( ) 함수를 사용하여 구해보겠습니다.

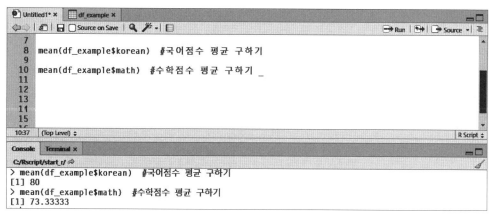

코드

```
mean( df_example$korean )
mean( df_example$math )
```

실습

▲ df_example 평균 구하기

달러 기호($)는 데이터 프레임 안에 있는 변수를 지정할 때 사용합니다. 즉 df_example$korean 는 df_example 데이터 프레임 안에 있는 korean 변수를 의미합니다.

간단한 예시이지만, 직접 변수를 생성하고, 데이터 프레임으로 구현하여, 함수를 적용해 평균을 구해보는 작업까지 완료하였습니다. 이제 외부 데이터를 불러와 조금 더 자세한 데이터 분석 과정을 배워보겠습니다.

Point 2 | 함수를 통해 외부 데이터 수집 및 저장하기

R에서 활용할 수 있는 파일 형식에는 엑셀에서 사용하는 *.xlsx, *.xls를 비롯해서 *.txt, *.csv, *.rda 등이 있습니다. 단, 파일 형식에 따라 R로 가져오는 방법이 조금씩 다릅니다.

외부 데이터를 가져오기 위한 방법으로는 간편하게 함수를 이용하는 것과 직관적으로 R스튜디오의 메뉴를 활용하는 방법이 있습니다.

먼저 함수를 이용하여 외부 데이터를 가져와보겠습니다.

1 엑셀 파일 불러오기

위와 같이, 데이터 세트를 생성할 때 직접 입력한 데이터를 원시 데이터라고 하지만 외부 데이터를 데이터 세트로 불러오기 위한 기본 파일도 원시 데이터라고 할 수 있습니다. 그중에서 자주 활용되는 것이 엑셀 파일입니다. *.xls, *.xlsx 엑셀 파일을 불러와 R에서 데이터 세트로 변환해보겠습니다.

① 실습 데이터 가져오기

필자가 생성한 엑셀 파일을(excel_exam.xlsx) 다운로드한 뒤 먼저 열어서 데이터를 확인해봅니다. 항상 먼저 원시 데이터를 확인해보는 과정을 거쳐야 합니다. 데이터를 열어서 확인해보면 총 3개의 변수(id, korean, math)로 구성되어 있음을 확인할 수 있습니다. 행은 11행까지 있고, 첫 번째 행에는 변수명이 있으니 총 10개의 관측치가 있다는 것을 알 수 있습니다.

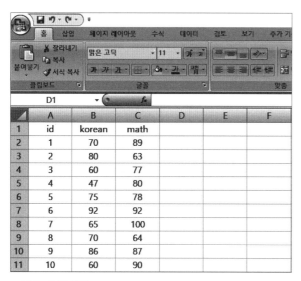

▲ 엑셀 데이터 확인

이와 같이 기본 구성 확인이 끝나면 이 엑셀 파일을 R로 가져와보겠습니다.

❷ readxl 패키지 설치하고 로드하기

엑셀 파일을 불러올 때는 read_excel( ) 함수를 사용합니다. read_excel( ) 함수는 readxl 패키지에 포함되어 있으므로 먼저 readxl 패키지를 설치하고 로드해야 합니다. 다음과 같이 코드를 작성한 후 실행하여 readxl 패키지를 설치하고 로드합니다.

패키지를 설치하고 사용하기 전에는 반드시 로드 과정을 거쳐야 하고, 프로그램을 종료하고 다시 실행하면 다시 메모리에 올려놓아야 합니다.

⟨/⟩ 코드

```
install.packages( "readxl" )
library( readxl )
```

실습

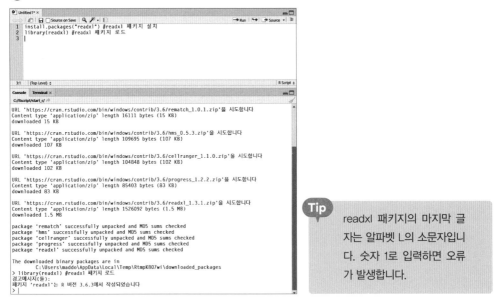

▲ readxl 패키지 설치 및 로드

Tip

> readxl 패키지의 마지막 글자는 알파벳 L의 소문자입니다. 숫자 1로 입력하면 오류가 발생합니다.

❸ 엑셀 파일 불러오기

readxl 패키지를 설치하고 로드까지 완료하였으니, read_excel( ) 함수를 사용해봅시다. read_excel( )은 엑셀 파일을 가져와서 데이터 프레임으로 만드는 기능까지 합니다. 다음과 같이 파일이 있는 폴더와 파일명을 따옴표(" ") 안에 넣어 작성해봅니다.

또한, excel_exam 파일은 바로 읽어올 수 있도록 지난 시간에 만든 워킹 디렉터리 내에 넣어 놓습니다.

▲ 워킹 디렉터리 내에 파일 넣기

이제 excel_exam 변수를 만들어 엑셀 파일을 할당해봅니다.

```
excel_exam <-read_excel( " excel_exam.xlsx " )
excel_exam
```

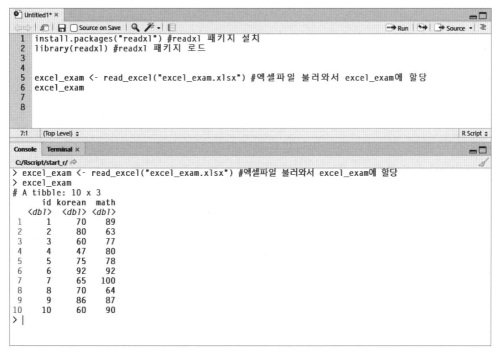

▲ 엑셀 파일 불러오기

View( ) 함수를 통해 정상적으로 들어왔는지 확인해봅니다.

```
View( excel_exam )
```

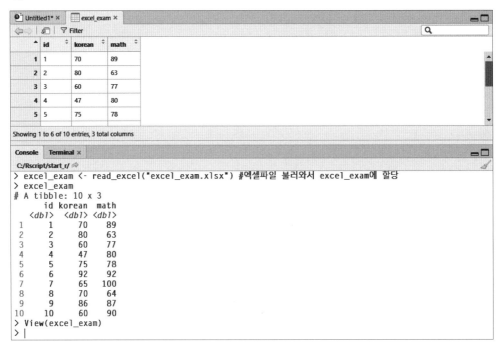

▲ View 함수 확인

❹ 분석하기

View( ) 함수로 확인해보니 데이터가 정상적으로 들어왔음을 확인할 수 있습니다. 불러

온 데이터를 str( ) 함수를 사용하여 전체적인 속성을 파악해봅시다.

코드

```
str(excel_exam)
```

실습

```
  2  library(readxl) #readxl 패키지 로드
  3
  4
  5  excel_exam <- read_excel("excel_exam.xlsx") #엑셀파일 불러와서 excel_exam에 할당
  6  excel_exam
  7
  8  View(excel_exam)   #데이터 프레임 확인
  9  str(excel_exam) #데이터 속성 확인
 10
```
```
10:1   (Top Level) ÷                                                    R Script ÷
Console   Terminal ×
C:/Rscript/start_r/
> str(excel_exam) #데이터 속성 확인
tibble [10 x 3] (S3: tbl_df/tbl/data.frame)
 $ id     : num [1:10] 1 2 3 4 5 6 7 8 9 10
 $ korean: num [1:10] 70 80 60 47 75 92 65 70 86 60
 $ math   : num [1:10] 89 63 77 80 78 92 100 64 87 90
> |
```

▲ str 함수 확인

함수 결과를 보면, 행과 열 구성을 확인할 수 있고 [10×3], 각 컬럼별 데이터도 확인할
수 있습니다.

이제 각 과목별 전체 평균을 계산해봅시다. 평균은 mean( ) 함수를 사용하면 됩니다.

코드

```
mean( excel_exam$korean )
mean( excel_exam$math )
```

실습

```
  4
  5  excel_exam <- read_excel("excel_exam.xlsx") #엑셀파일 불러와서 excel_exam에 할당
  6  excel_exam
  7
  8  View(excel_exam)   #데이터 프레임 확인
  9  str(excel_exam) #데이터 속성 확인
 10
 11  mean(excel_exam$korean) #국어점수 평균 구하기
 12  mean(excel_exam$math) #수학점수 평균 구하기
 13
```
```
13:1   (Top Level) ÷                                                    R Script ÷
Console   Terminal ×
C:/Rscript/start_r/
> mean(excel_exam$korean) #국어점수 평균 구하기
[1] 70.5
> mean(excel_exam$math) #수학점수 평균 구하기
[1] 82
```

▲ 과목별 평균 구하기

❷ 엑셀 파일 조건별 불러오기

우리가 불러온 원시 데이터는 항상 똑같은 조건의 똑같은 파일이 아닙니다. 그래서 반드시 원시 데이터를 열어서 확인해본 후에 조건에 맞게 R스튜디오로 가져와야 합니다.

엑셀 파일을 불러올 때 자주 발생하는 조건에 맞춰 각 해결 방법을 알아보겠습니다.

❶ 엑셀 파일에 시트 탭이 여러 개가 있다면?

엑셀 파일에 시트 탭이 여러 개 있다면 기본 값으로 첫 번째 시트의 데이터를 가져옵니다. 다른 시트의 데이터를 가져오려면 sheet 파라미터를 이용해 몇 번째 시트의 데이터를 불러올지 지정합니다.

다음과 같이 코드를 작성해봅시다.

⟨/⟩ 코드

```
excel_exam2 <- read_excel("excel_exam.xlsx", sheet=2)
excel_exam2
```

⦿ 실습

```
 8   View(excel_exam)    #데이터 프레임 확인
 9   str(excel_exam) #데이터 속성 확인
10
11   mean(excel_exam$korean) #국어점수 평균 구하기
12   mean(excel_exam$math) #수학점수 평균 구하기
13
14   excel_exam2 <- read_excel("excel_exam.xlsx", sheet = 2) # 2번째 시트 데이터 불러오기
15   excel_exam2
16
```

```
> excel_exam2 <- read_excel("excel_exam.xlsx", sheet = 2) # 2번째 시트 데이터 불러오기
> excel_exam2
# A tibble: 10 x 3
      id korean  math
   <dbl>  <dbl> <dbl>
 1    11     70    89
 2    12     80    63
 3    13     60    77
 4    14     47    80
 5    15     75    78
 6    16     92    92
 7    17     65   100
 8    18     70    64
 9    19     86    87
10    20     60    90
>
```

▲ 두 번째 시트 데이터 불러오기

❷ 엑셀 파일에 변수명이 없다면?

우리가 실습한 엑셀 파일은 id, korean, math 변수가 1행에 명시되어 있었지만 변수명이 없는 원시 데이터도 많습니다. read_excel( )은 기본적으로 엑셀 파일의 첫 번째 행을 변수명으로 인식하여 읽어옵니다. 따라서 변수명이 없는 데이터인 경우에는 데이터가 유실되는 문제점이 생깁니다. 이럴 때, col_names=F 파라미터를 설정하면 첫 번째 행을 데이터로 인식하게 되고, 스스로 변수명을 '…숫자'로 지정합니다.

excel_exam.xlsx 의 sheet3은 변수명이 없는 데이터이므로, 위에서 배운 내용들을 복습하여 코드를 작성해보겠습니다.

‹/› 코드

```
excel_exam3 <- read_excel( "excel_exam.xlsx", sheet=3, col_names=F )
excel_exam3
```

⚙ 실습

```
> excel_exam3<- read_excel("excel_exam.xlsx", sheet = 3, col_names = F) #변수명자동지정
New names:
* `` -> ...1
* `` -> ...2
* `` -> ...3
> excel_exam3
# A tibble: 10 x 3
   ...1  ...2  ...3
  <dbl> <dbl> <dbl>
 1    11    70    89
 2    12    80    63
 3    13    60    77
 4    14    47    80
 5    15    75    78
 6    16    92    92
 7    17    65   100
 8    18    70    64
 9    19    86    87
10    20    60    90
> |
```

▲ 변수명 자동 지정

③ 탭으로 구분된 TSV 파일 가져오기

우리가 일반적으로 메모장에 작성하는 파일은 확장자가 *.txt인 파일입니다. 하지만 메모장으로 작성할 때는 데이터 값들을 2가지 방법으로 작성할 수 있습니다. 각 열과 값을 탭(Tab)으로 구분하는 TSV(Tab-separated values) 파일과 쉼표로 구분하는 CSV(Comma-separated values) 파일로 구분할 수 있습니다.

▲ TSV 파일

▲ CSV 파일

먼저 탭으로 구분된 TSV 파일부터 가져 오겠습니다.

❶ 실습 파일 다운로드하기

저자가 제공하는 tsv_exam.tsv 파일을 다운로드하여 워킹 디렉터리에 옮겨 둡니다.

❷ TSV 파일 불러오기

엑셀과 다르게 별도의 패키지를 설치하지 않고 R에 기본적으로 내장된 read.table( )을 이용하면 TSV 파일을 바로 불러올 수 있습니다. read.table( ) 함수는 read.table("원시 데이터") 형식으로 작성합니다.

```
tsv_exam <-read.table(" tsv_exam.tsv ")
tsv_exam
```

실습

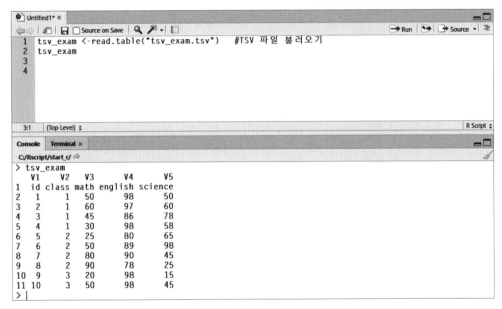

▲ TSV 파일 불러오기

이처럼 read.table( ) 함수를 기본 형태로 사용했더니 변수명으로 사용되어야 할 행이 데이터 값 처럼 인식되었습니다. header 옵션을 사용하여 원시 데이터의 1행을 변수명으로 처리해보겠습니다.

코드

```
tsv_exam1 <-read.table(" tsv_exam.tsv ", header=TRUE)
tsv_exam 1
```

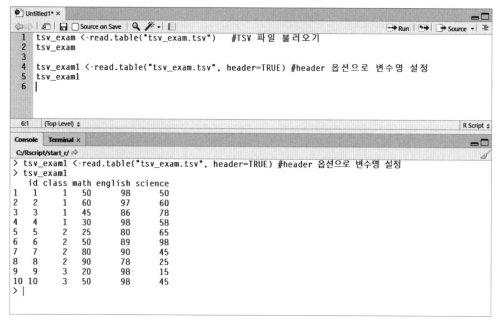

```
Untitled1* ×
Source on Save          Run    Source
1  tsv_exam <-read.table("tsv_exam.tsv")    #TSV 파일 불러오기
2  tsv_exam
3
4  tsv_exam1 <-read.table("tsv_exam.tsv", header=TRUE) #header 옵션으로 변수명 설정
5  tsv_exam1
6  |

6:1    (Top Level)                                                    R Script

Console   Terminal ×
C:/Rscript/start_r/
> tsv_exam1 <-read.table("tsv_exam.tsv", header=TRUE) #header 옵션으로 변수명 설정
> tsv_exam1
   id class math english science
1   1     1   50      98      50
2   2     1   60      97      60
3   3     1   45      86      78
4   4     1   30      98      58
5   5     2   25      80      65
6   6     2   50      89      98
7   7     2   80      90      45
8   8     2   90      78      25
9   9     3   20      98      15
10 10     3   50      98      45
> |
```

▲ TSV 파일 불러오기 2

이처럼 header=TRUE 옵션을 추가하면 원시 데이터의 1행이 변수명으로 지정됩니다.

4 TSV 파일 조건별 불러오기

① 전체가 아닌 원하는 행부터 가져오고 싶다면?

전체가 아닌 원하는 행부터 지정해서 가지고 오고 싶다면 skip 옵션을 사용하면 됩니다.

</> 코드

```
tsv_exam2 <-read.table("tsv_exam.tsv", header=TRUE, skip=2)
tsv_exam2
```

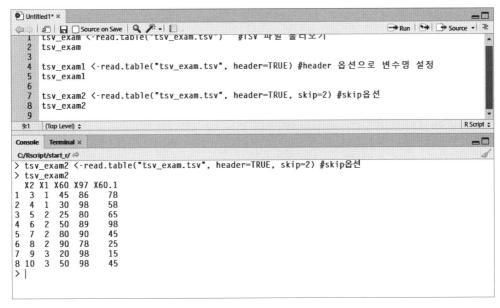

▲ skip 옵션

header 옵션을 사용하여 1행을 변수명으로 지정하고, skip=2 옵션을 추가하였더니 원시 데이터의 3행부터 불러오기가 실행되었습니다.

❷ 5개의 행만 불러오고 싶다면?

필요한 행의 개수만 불러오고 싶다면 이번에는 nrows 옵션을 사용하면 됩니다.

⟨/⟩ 코드

```
tsv_exam3 <-read.table( " tsv_exam.tsv " , header=TRUE, nrows=5 )
tsv_exam3
```

실습

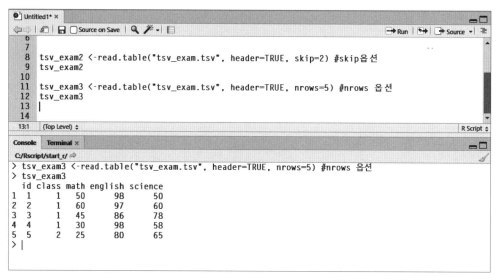

```
tsv_exam2 <-read.table("tsv_exam.tsv", header=TRUE, skip=2) #skip옵션
tsv_exam2

tsv_exam3 <-read.table("tsv_exam.tsv", header=TRUE, nrows=5) #nrows 옵션
tsv_exam3
```

```
> tsv_exam3 <-read.table("tsv_exam.tsv", header=TRUE, nrows=5) #nrows 옵션
> tsv_exam3
  id class math english science
1  1     1   50      98      50
2  2     1   60      97      60
3  3     1   45      86      78
4  4     1   30      98      58
5  5     2   25      80      65
> |
```

▲ nrows 옵션

nrows 옵션을 사용하여 지정한 5개의 행만큼만 데이터를 불러온 것을 확인할 수 있습니다.

5 쉼표로 구분된 CSV 파일 가져오기

앞서 말한 바와 같이, 쉼표로 구분된 TXT 파일을 우리는 CSV 파일이라고 부릅니다. CSV 파일은 엑셀뿐만 아니라 기존 회사에서 많이 사용하는 SAS, SPSS 등 통계 프로그램에서 읽고 쓰기가 가능한 범용 데이터 파일입니다. 다양한 프로그램에서 지원하고 엑셀 파일에 비해 용량이 작기 때문에 데이터를 주고받을 때는 엑셀 파일보다 더 자주 이용합니다.

❶ 실습 파일 다운로드하기

저자가 제공하는 csv_exam.csv 파일을 다운로드하여 워킹 디렉터리에 옮겨 둡니다.

❷ CSV 파일 불러오기

엑셀과 다르게 별도의 패키지를 설치하지 않고 R에 기본적으로 내장된 read.csv( )를 이용하면 csv 파일을 불러올 수 있습니다.

```
csv_exam <-read.csv( "csv_exam.csv" )
csv_exam
```

실습

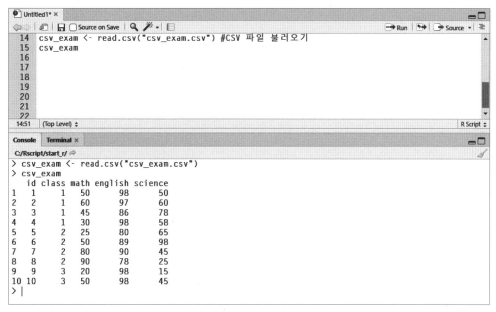

▲ CSV 파일 불러오기

❸ CSV 파일 불러오기 주의사항_1

엑셀 파일에서 첫 번째 행이 변수명이 아닐 때 col_names=F 파라미터를 설정하여 데이터를 온전히 가져왔습니다. csv 파일에서는 header=F 파라미터를 지정해야 합니다. 기능은 동일하나 파라미터 값이 다르므로 주의해야 합니다.

❹ CSV 파일 불러오기 주의사항_2

우리가 사용하는 CSV 파일의 값은 전부 숫자로 구성되어 있습니다. 문자가 들어 있는 CSV 파일을 불러올 때는 stringsAsFactors 파라미터를 F로 설정해 주어야 합니다.

⑥ TSV 또는 CSV 파일로 저장하기

지금까지 외부에서 만들어진 TSV, CSV 파일을 불러오는 작업을 해보았습니다. 이제 반대로 R에서 생성한 데이터 세트를 TSV, CSV 파일로 저장하는 방법에 대해 알아보겠습니다. 이렇게 *.csv 또는 *.txt 파일로 저장하면 R 데이터 분석뿐만 아니라 거의 모든 프로그램에서도 사용할 수 있습니다. 먼저 *.tsv 파일로 저장해보겠습니다.

❶ *.tsv 파일로 저장하기

R에서 데이터 세트를 생성하고 write.table( ) 함수를 사용하여 TSV 파일로 저장해보겠습니다. write.table( )은 저장할 데이터 프레임과, file="저장할 위치"를 작성하면 됩니다. 코드를 확인해봅시다.

‹/› 코드

```
id <- c(1,2,3)
age<- c(20,26,27)

tsv_write <- data.frame(id=id, age=age)
write.table(tsv_write, file=" C:/Rscript/start_r/tsv_write.tsv ")
```

⚙ 실습

▲ TSV 파일 저장

저장한 위치인 실습 폴더(C:/Rscript/start_r)를 열면 tsv_write.tsv 파일이 저장되어 있는 것을 확인할 수 있습니다.

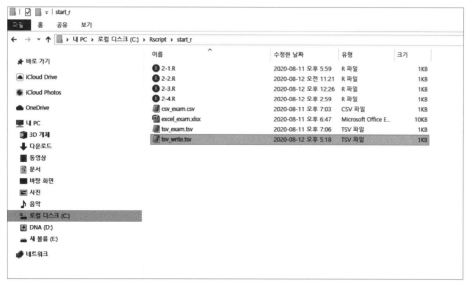

▲ TSV 파일 저장

메모장에서 실행해 보면 다음과 같은 결과를 확인할 수 있습니다.

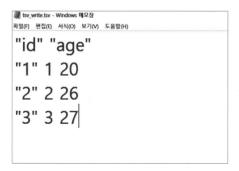

▲ TSV 파일 저장

결과를 보면 각 데이터 값이 큰따옴표로 묶여 있습니다. quote=FALSE 옵션을 추가하면 큰 따옴표 없이 저장할 수 있습니다.

</> 코드

```
write.table(tsv_write, file="C:/Rscript/start_r/tsv_write.tsv", quote=FALSE)
```

```
📄 tsv_write.tsv - Windows 메모장
파일(F)  편집(E)  서식(O)  보기(V)  도움말(H)

id age
1 1 20
2 2 26
3 3 27
```

▲ TSV 파일 저장

❷ *.csv 파일로 저장하기

이번엔 write.csv( ) 함수를 사용하여 CSV 파일로 저장해보겠습니다. write.csv( )도 마찬가지로 저장할 데이터 프레임과, file="저장할 위치"를 작성하면 됩니다.

◁/▷ 코드

```
id <- c(1,2,3)
age<- c(20,26,27)

csv_write <- data.frame(id=id, age=age)
write.csv (csv_write, file=" C:/Rscript/start_r/csv_write.csv " )
```

●실습

```
● 2-4.R* ×
    🔲 🔚 □ Source on Save | 🔍 🎤 - | 📄                                    → Run | 🔄 | → Source - | ☰
  6
  7   id <-c(1,2,3)    # id 변수 생성 후 데이터 할당
  8   age<-c(20,26,27) #age 변수 생성 후 데이터 할당
  9
 10   csv_write <- data.frame(id=id, age=age) # 데이터 프레임 생성 후 csv_write에 할당
 11   write.csv(csv_write, file = "C:/Rscript/start_r/csv_write.csv") #csv_write 데이터 프레임 csv 파일로 저장
 12   |
 13
12:1   (Top Level) ÷                                                                      R Script ÷
Console   Terminal ×
C:/Rscript/start_r/ ⬚
> id <-c(1,2,3)    # id 변수 생성 후 데이터 할당
> age<-c(20,26,27) #age 변수 생성 후 데이터 할당
> csv_write <- data.frame(id=id, age=age) # 데이터 프레임 생성 후 csv_write에 할당
> write.csv(csv_write, file = "C:/Rscript/start_r/csv_write.csv") #csv_write 데이터 프레임 csv 파일로 저장
> |
```

▲ CSV 파일 저장

저장한 위치인 실습 폴더(C:/Rscript/start_r)를 열면 csv_write.csv 파일이 저장되어 있으며, 파일을 열어보면 다음과 같은 결과를 확인할 수 있습니다.

▲ CSV 파일 저장

지금까지 간편하게 함수를 사용하여 외부 데이터를 가져오고, 다양한 옵션을 적용시켜 보았습니다. 또한, 데이터 분석에 자주 쓰이는 TSV, CSV 파일을 저장하는 방법도 배웠습니다. 이제부턴 R스튜디오의 장점 중 하나인 직관적인 인터페이스를 이용하여 데이터를 가져와 보겠습니다.

Point 3 / 메뉴를 통해 외부 데이터 수집하기

R스튜디오는 프로그래밍 언어를 잘 몰라도 직관적인 인터페이스를 이용해 데이터 분석을 원활하게 할 수 있습니다. 함수가 잘 기억나지 않을 때, 또는 메뉴 바를 활용하는 것이 편할 때 사용할 수 있는 방법으로 외부 데이터를 가져와 보겠습니다.

1 R스튜디오 메뉴로 CSV 파일 가져오기

위에서 함수로 불러왔던 csv_exam.csv 파일을 불러와 R스튜디오 메뉴를 통해 보겠습니다.

❶ R스튜디오의 메뉴 바에서 [File → Import Dataset → From Text(base)]를 선택합니다.

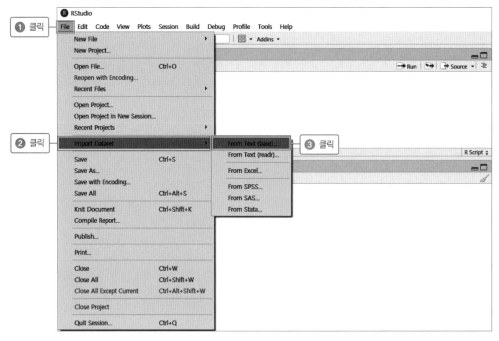

▲ 메뉴 바 활용하기 1

❷ Select File to Import 창이 열리면 원시 데이터가 저장된 경로(C:/Rscript/start_r/)로 이동한 후 가져올 파일(csv_exam.csv)을 선택하고 [Open] 버튼을 클릭합니다.

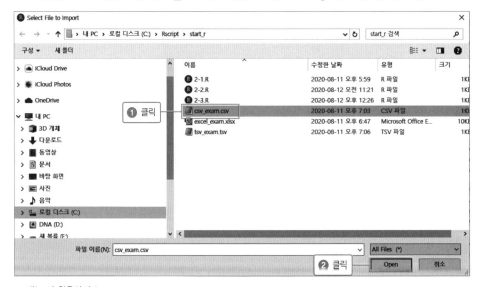

▲ 메뉴 바 활용하기 2

❸ Import Dataset 창이 열리면 각 옵션이 자동으로 설정되어 있습니다. Input File 영역에서 원시 데이터, Data Frame 영역에서 변환될 데이터 세트를 확인하고 [Import] 버튼을 클릭합니다.

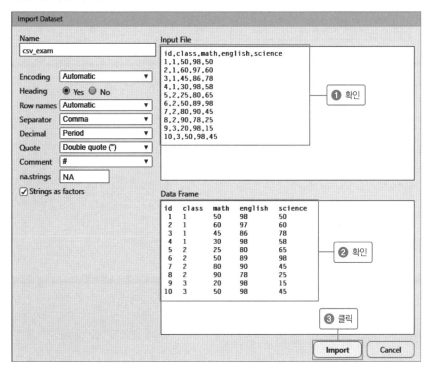

▲ 메뉴 바 활용하기 3

Import Dataset 창에서 주로 사용하는 옵션은 다음과 같습니다.

옵션	설명
Name	데이터 세트 지정
Heading	1행에 변수명 포함 여부(Yes=포함, No=미포함)
Row names	변수명 설정 방식 지정(Automatic=자동, Use First Column=1행이 변수명, Use First Number=숫자로 변수명 생성)
Separator	열 구분자 선택(Comma=,, Semicolon =; 등)

❹ Console 창을 보면 Import Dataset 창에서 설정한 옵션에 따라 함수를 자동으로 호출하고, View 창에 가져온 데이터 세트를 표시하는 것을 알 수 있습니다.

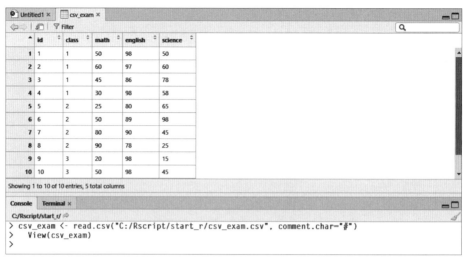

▲ 메뉴 바 활용하기 4

TSV 파일도 같은 방식으로 불러오면 됩니다.

2 R스튜디오 메뉴로 엑셀 파일 가져오기

엑셀 파일도 R스튜디오 메뉴를 이용해 편리하게 가져올 수 있습니다.

❶ R스튜디오의 메뉴 바에서 [File → Import Dataset → From Excel]을 선택합니다.

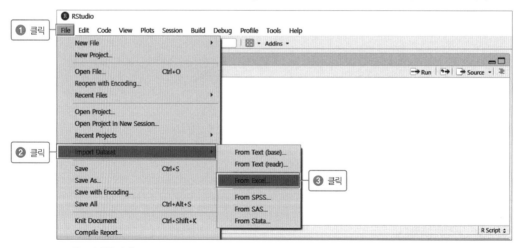

▲ 메뉴 바 활용하기 5

❷ Import Excel Data 창이 열리면 [Browse] 버튼을 클릭하려 가져올 엑셀 파일(C:/ Rscript/start_r/excel_exam.xlsx)을 선택합니다. Import Options 영역에서 Sheet 옵션을 [Sheet1]로 설정한 후 Data Preview와 Code Preview 영역을 확인하고 [Import] 버튼을 클릭합니다.

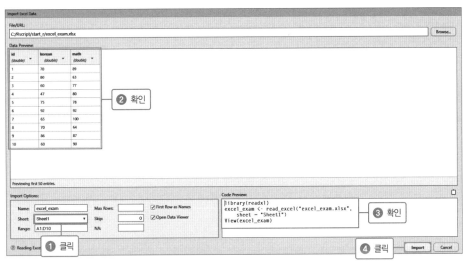

▲ 메뉴 바 활용하기 6

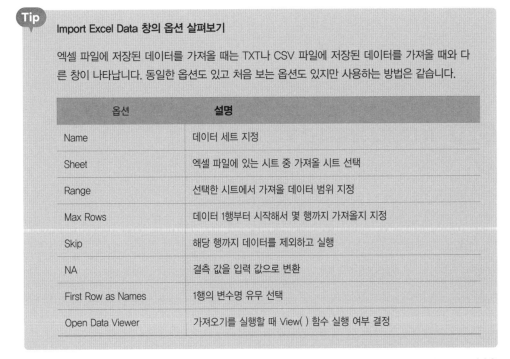

Tip

Import Excel Data 창의 옵션 살펴보기

엑셀 파일에 저장된 데이터를 가져올 때는 TXT나 CSV 파일에 저장된 데이터를 가져올 때와 다른 창이 나타납니다. 동일한 옵션도 있고 처음 보는 옵션도 있지만 사용하는 방법은 같습니다.

옵션	설명
Name	데이터 세트 지정
Sheet	엑셀 파일에 있는 시트 중 가져올 시트 선택
Range	선택한 시트에서 가져올 데이터 범위 지정
Max Rows	데이터 1행부터 시작해서 몇 행까지 가져올지 지정
Skip	해당 행까지 데이터를 제외하고 실행
NA	결측 값을 입력 값으로 변환
First Row as Names	1행의 변수명 유무 선택
Open Data Viewer	가져오기를 실행할 때 View( ) 함수 실행 여부 결정

❸ 다음과 같이 View 창이 열리면서 변환된 데이터 세트가 표시되고, Console 창을 보면 데이터 가져오기에 필요한 함수가 호출된 것을 확인할 수 있습니다.

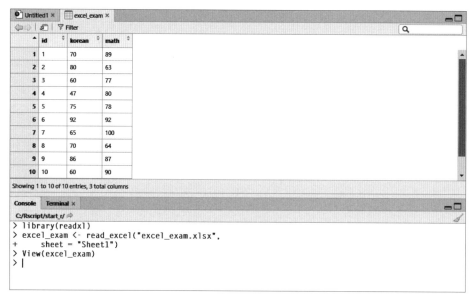

▲ 메뉴 바 활용하기 7

외부 데이터들을 함수와 메뉴 바를 활용해서 가져오는 실습을 진행하였습니다. 두 방식을 비교해보고 더욱 편한 방식을 사용하면 됩니다.

이젠 excel이나 csv, tsv파일이 아닌 R에서 데이터를 직접 저장하고, 생성된 데이터를 불러오는 방법에 대해서 알아보겠습니다.

Point 4 R 데이터 저장하고 불러오기

엑셀에서 파일을 저장하면 기본으로 *.xlsx 또는 *.xls 파일로 저장되는 것처럼 R에도 파일을 저장하면 기본으로 R 전용 파일인 *.rda 파일로 저장됩니다. RDA 파일은 R 전용 파일이므로 다른 파일들에 비해 R에서 읽고 쓰는 속도가 빠르고 용량이 적다는 장점이 있습니다. R을 주로 사용할 때는 RDA 파일을 이용하고, R을 이용하지 않는 사람과 파일을 주고받을 때는 CSV 파일을 이용합니다.

R에서 생성하고 가공한 데이터를 저장하고 불러오는 방법에 대해 알아보겠습니다.

■ RDA 파일로 저장하고 불러오기

❶ *.rda 파일로 저장하기

R 전용 파일인 *.rda 파일로 저장하기 위해서는 save( ) 함수를 사용합니다. save( ) 함수는 save(데이터 세트, file="파일명") 형식으로 작성합니다. 먼저 원시 자료를 입력해서 데이터 프레임을 만들고 이어서 *.rda 파일로 저장해보겠습니다.

</> 코드

```
id <- c(1,2,3)
age<- c(22,23,24)

rda_exam <- data.frame(id=id, age=age)
rda_exam

save(rda_exam, file="rda_exam.rda")
```

⚙ 실습

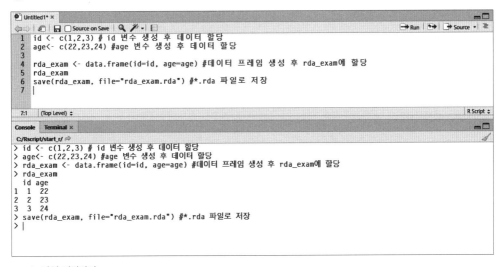

▲ rda 파일 저장하기

워킹 디렉터리에 가서 확인해보면 rda_exam.rda 파일이 생성된 것을 확인할 수 있습니다.

❷ *rda 파일 불러오기

저장된 *.rda 파일을 불러와 보겠습니다. *.rda 파일을 불러올 때는 load( ) 함수를
사용하며, load( ) 함수는 load("경로/파일명") 형식으로 작성합니다. 앞에서 저장한
rda_exam.rda 파일을 불러와 보겠습니다.

</> 코드

```
load( " C:/Rscript/start_r/rda_exam.rda " )
rda_exam
```

⊕ 실습

```
load("C:/Rscript/start_r/rda_exam.rda")    #*.rda 파일 불러오기
rda_exam
```

```
> load("C:/Rscript/start_r/rda_exam.rda")    #*.rda 파일 불러오기
> rda_exam
  id age
1  1  22
2  2  23
3  3  24
> |
```

▲ rda 파일 불러오기

1. 직접 데이터를 입력하고, 데이터 프레임 생성하기

- 데이터를 변수에 할당합니다.
  korean<-c(90,80,70)
  math<-c(70,90,60)
- 데이터 프레임을 생성합니다.
  df_example<-data.frame(korean,math)
- 한꺼번에 생성해봅시다.
  df_example<-data.frame(korean=c(90,80,70),
  math=c(70,90,60))

2. 외부 데이터 불러오기

- R에서 활용할 수 있는 파일 형식에는 엑셀에서 사용하는 *.xlsx, *.xls를 비롯해서 *.tsv, *.csv 등이 있습니다. 단, 파일 형식에 따라 R로 가져오는 방법이 조금씩 다릅니다.
- 엑셀 파일을 불러오려면?: readxl 패키지 설치 후 read_excel( ) 함수 사용
  excel_exam <-read_excel("excel_exam.xlsx")
- TSV(Tab-separated values) 파일을 불러오려면?: 내장함수 read.table( ) 함수 사용
  tsv_exam <-read.table("tsv_exam.tsv")
- CSV(Comma-separated values) 파일을 불러오려면?: 내장함수 read.csv( ) 함수 사용
  csv_exam <-read.csv("csv_exam.csv")

3. 외부 데이터 저장하기

- TSV(Tab-separated values) 파일로 저장하려면?: 내장함수 write.table( ) 함수 사용
  write.table(tsv_write, file="C:/Rscript/start_r/tsv_write.tsv")
- CSV(Comma-separated values) 파일로 저장하려면?: 내장함수 write.csv( ) 함수 사용
  write.csv (csv_write, file="C:/Rscript/start_r/csv_write.csv")

4. R 전용 파일 저장하고 불러오기

- RDA 파일로 저장하려면?: 내장함수 save( ) 함수 사용
  save(rda_exam, file="rda_exam.rda")
- RDA 파일을 불러오려면?: 내장함수 load( ) 함수 사용
  load("C:/Rscript/start_r/rda_exam.rda")

데이터 가공하기_
데이터를 유용하게 만드는 법

"요리하는 과정을 상상해봅시다.

우리는 좋은 요리를 만들기 위해서 준비한 재료를 깨끗하게 씻은 뒤,

채소와 고기를 먹기 좋게 자르고 목적에 맞는 양념도 만든 후 요리합니다.

아무리 좋은 재료와 좋은 목표가 있다 하더라도

이 준비 과정을 거치지 않으면 말짱 도루묵이겠죠?

데이터 가공도 마찬가지입니다.

수집해온 데이터를 목적에 맞게 성공적으로 분석하기 위해서는

데이터 가공에 달려있을 만큼 중요한 작업입니다."

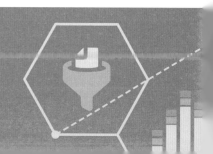

데이터 분석을 위한 방향성을 기획하고 필요한 데이터를 수집했다면, 이제 분석 목적에 맞게 데이터를 가공해야 합니다.

어떠한 데이터도 완벽하게 우리가 필요한 모양대로 존재하기는 어렵습니다.
분석 목적에 맞게 변수명을 변경하거나 조건에 맞게 데이터를 추출, 변경, 정렬, 병합하는 일련의 과정을 거쳐야 합니다. 이러한 과정을 보통 데이터 전처리 과정이라고 부르며, 데이터 전처리 과정은 데이터 분석 과정에서 가장 많은 시간이 소요되고, 중요한 부분이므로 더욱 유념하여 배워보도록 합시다.

Point 1 │ 기본 함수로 데이터 파악하기

데이터를 수집할 때 원시 데이터를 먼저 살펴본 뒤 R스튜디오로 데이터를 불러오는 과정까지 배워봤습니다. 데이터를 불러온 후에는 R스튜디오에서 제공하는 편리한 함수들을 통해 데이터의 전반적인 구조를 파악하는 것이 필요합니다. 각 기본 함수들과 기능을 살펴보면서 어떻게 데이터를 파악해야 하는지 살펴봅시다.

1 데이터 파악 기본 함수

데이터 파악에 주로 사용하는 함수는 다음 일곱 가지 함수가 있습니다.

데이터 파악 함수	설명
View( )	뷰어 창에서 데이터 세트 확인
str( )	데이터 속성 확인
dim( )	데이터 차원 확인(몇 행, 몇 열인지)
ls( )	변수 항목 리스트로 확인
head( )	데이터 앞부분 확인
tail( )	데이터 뒷부분 확인
summary( )	요약 통계량 확인

앞에서 사용했던 excel_exam.xlsx 파일을 불러와 각 함수를 활용해 데이터를 파악해보겠습니다. 엑셀 파일을 불러오기 위해서 어떻게 했는지 기억을 되살려 봅니다. 먼저, readxl 패키지는 앞에서 설치하였으므로 로드하는 과정을 거칩니다. example 데이터 세트로 저장하고 실행해봅니다.

```
library(readxl)
example <- read_excel( " excel_exam.xlsx " )
```

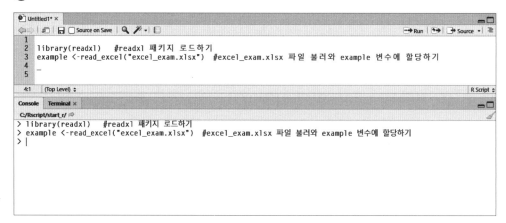

▲ 엑셀 파일 불러오기

불러온 example 데이터 세트를 가지고, 함수를 사용하여 데이터 파악을 수행해보겠습니다.

❶ View( ) 함수

불러온 데이터를 엑셀처럼 정리된 상태로 파악할 수 있는 함수입니다. 앞에서도 여러 번 View( ) 함수를 활용하여 불러온 데이터를 확인하는 연습을 하였습니다. 또한 불러 온 데이터를 간단한 필터를 적용하거나 정렬을 실행할 수 있어 편리합니다.

```
View( example )
```

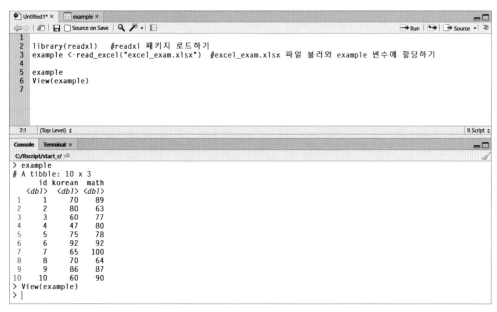

▲ View 함수 확인하기

다음과 같이 View 창(위)과 Console 창(아래)에 표시되는 형태가 확연히 차이 나는 것을 알 수 있습니다.

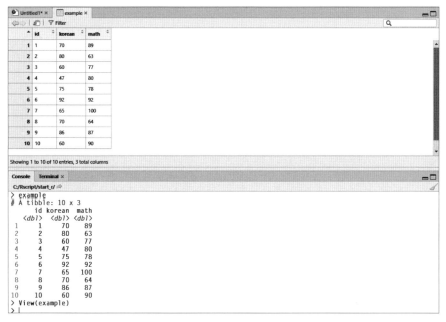

▲ View 함수 확인하기

❷ str( ) 함수

str( ) 함수는 데이터 세트에 구성된 변수의 속성을 파악하는 함수입니다. 변수의 속성이 문자형인지 숫자형인지에 따라 데이터를 전처리하는 방식이 달라지므로 반드시 파악해야 하는 작업입니다.

</> 코드

```
str(example)
```

⚙ 실습

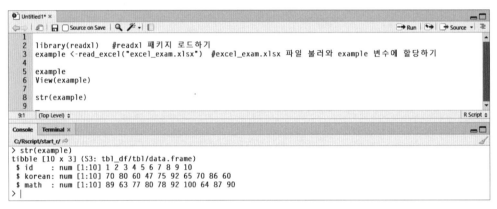

```
> str(example)
tibble [10 x 3] (S3: tbl_df/tbl/data.frame)
$ id     : num [1:10] 1 2 3 4 5 6 7 8 9 10
$ korean: num [1:10] 70 80 60 47 75 92 65 70 86 60
$ math   : num [1:10] 89 63 77 80 78 92 100 64 87 90
> |
```

▲ str 함수 확인하기

실행 결과를 보면 example 데이터 세트는 데이터 형태가 tbl_df(data frame), tbl, data.frame이며, 관측치 10개와 변수 3개로 구성된 것을 확인할 수 있습니다. 또한 각 변수의 속성 값이 숫자형을 의미하는 num 표시와 실제 데이터를 확인할 수 있습니다.

❸ dim( ) 함수

dim( ) 함수는 데이터 세트가 몇 행 몇 열로 구성되어 있는지 확인할 때 사용합니다.

</> 코드

```
dim(example)
```

실습

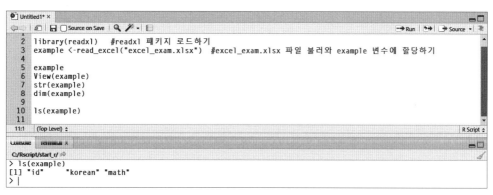

```
  1
  2    library(readxl)    #readxl 패키지 로드하기
  3    example <-read_excel("excel_exam.xlsx") #excel_exam.xlsx 파일 불러와 example 변수에 할당하기
  4
  5    example
  6    View(example)
  7    str(example)
  8
  9    dim(example)
 10    _
```

```
> dim(example)
[1] 10  3
> |
```

▲ dim 함수 확인하기

실행 결과에서 앞에 나온 값이 행, 뒤에 나온 값이 열의 개수입니다. 그러므로 example 데이터 세트는 10행(관측치) 3열(변수)로 이루어져 있음을 알 수 있습니다.

❹ ls( ) 함수

ls( ) 함수는 데이터 세트에 포함된 변수명만 알고 싶을 때 사용할 수 있는 함수입니다.

</> 코드

```
ls( example )
```

실습

```
  2    library(readxl)    #readxl 패키지 로드하기
  3    example <-read_excel("excel_exam.xlsx") #excel_exam.xlsx 파일 불러와 example 변수에 할당하기
  4
  5    example
  6    View(example)
  7    str(example)
  8    dim(example)
  9
 10    ls(example)
 11
```

```
> ls(example)
[1] "id"      "korean" "math"
> |
```

▲ ls 함수 확인하기

example 데이터 세트의 변수에는 "id", "korean", "math"가 있음을 확인할 수 있습니다.

❺ head( ) 함수

데이터의 양이 너무 많을 때는 화면에 너무 많은 내용이 출력되어 데이터를 파악하기 어려울 수 있으므로 head( ) 함수를 사용하면 앞에서부터 여섯 번째 행까지만 확인할 수 있습니다.

</> 코드

```
head( example )
```

⚙ 실습

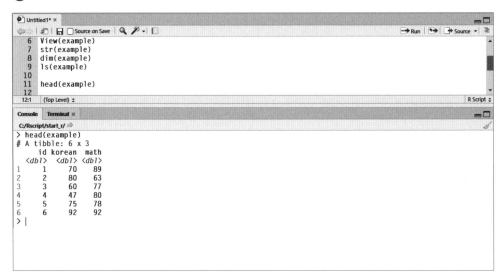

▲ head 함수 확인하기

더 많은 데이터를 확인하고 싶으면 데이터 프레임 이름 뒤에 원하는 행까지 입력합니다.

</> 코드

```
head( example, 8 )
```

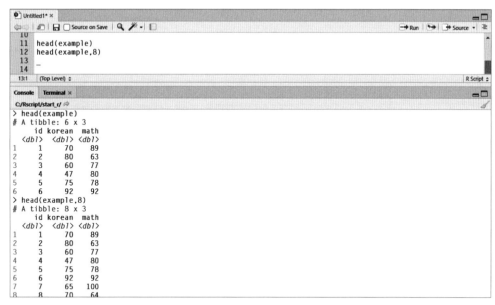

▲ head 함수 확인하기

❻ tail( ) 함수

tail( ) 함수는 head( ) 함수와 반대로 뒤에서부터 여섯 번째 행까지만 출력하여 확인할
수 있습니다.

</> 코드

```
tail(example)
```

◉ 실습

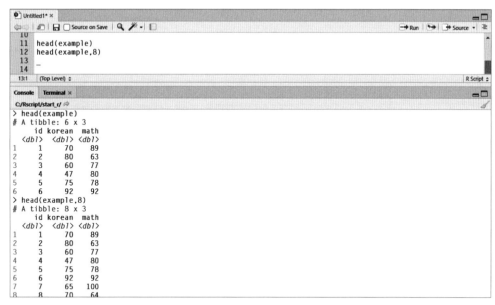

▲ tail 함수 확인하기

마찬가지로 더 많은 데이터를 확인하고 싶으면 데이터 프레임 이름 뒤에 원하는 행까지 입력합니다.

<*/> 코드

```
tail(example,8)
```

실습

```
13
14  tail(example)
15  tail(example,8)
16
17
16:1   (Top Level)                                                          R Script

Console  Terminal

C:/Rscript/start_r/

> tail(example)
# A tibble: 6 x 3
     id korean   math
  <dbl>  <dbl>  <dbl>
1     5     75     78
2     6     92     92
3     7     65    100
4     8     70     64
5     9     86     87
6    10     60     90
> tail(example,8)
# A tibble: 8 x 3
     id korean   math
  <dbl>  <dbl>  <dbl>
1     3     60     77
2     4     47     80
3     5     75     78
4     6     92     92
5     7     65    100
6     8     70     64
7     9     86     87
8    10     60     90
> |
```

▲ tail 함수 확인하기

❼ summary( ) 함수

summary( ) 함수는 변수의 값들을 요약한 자료입니다. 각 변수의 평균과 중간 값, 분포를 한꺼번에 파악할 수 있어서 용이합니다.

<*/> 코드

```
summary(example)
```

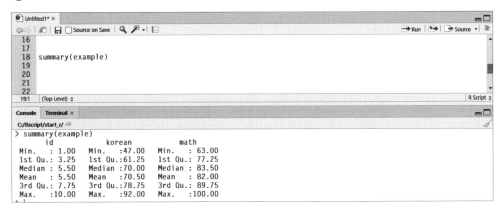

▲ summary 함수 확인하기

각 항목들은 아래와 같은 의미를 지닙니다.

출력 값	통계량	설명
Min	최솟값	가장 작은 값
1st Qu	1사분위수	상위 25%에 위치하는 값
Median	중앙값	중앙에 위치하는 값
Mean	평균	산술평균 값
3rd Qu	3사분위수	하위 75%지점에 위치하는 값
Max	최댓값	가장 큰 값

사분위수는 데이터 분석에서 중요한 의미를 가집니다. 자세한 내용은 본 책의 뒷장에서 함께 배워보도록 합시다.

2 변수명 변경하기

변수명은 왜 변경해야 할까요?

데이터 분석을 혼자 하는 경우도 있겠지만, 보통 조직에서는 함께 데이터를 공유하고 분석하는 경우가 많습니다. 변수명이 알아보기 어렵고 규칙적이지 않으면, 데이터 분석을 진행할 때 헷갈리기 쉽습니다. 또한, 데이터의 속성이 늘어날수록 복잡해지므로 변수명을 잘 고려하여 정하는 것은 중요한 작업입니다. 변수명을 생성할 때는 앞에서 배운 규칙과 더불어 다음의 2가지 기본 법칙을 고려합니다.

1. 변수명은 이해하기 쉬운 단어로 바꾼다.

2. 변수명은 규칙적으로 변경한다.

실습을 통해 변수명을 변경해보겠습니다.

❶ 실습에 필요한 데이터 프레임 생성하기

먼저, 필자가 제공하는 jeju.csv 파일을 다운로드합니다. jeju.csv 파일은 공공데이터로서, 2018년 제주도를 관광하는 아시아 국적 방문객들의 나라와 월별 방문 숫자를 집계한 데이터입니다.

앞서 배운, read.csv( ) 함수를 활용하여 데이터를 불러오고, jeju_example 변수에 할당해보겠습니다.

</> 코드

```
jeju_example<- read.csv( " jeju.csv " )
jeju_example
```

실습

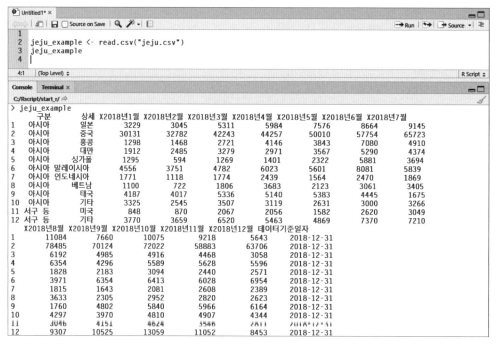

▲ 변수명 변경하기

❷ dplyr 패키지 설치 및 로드하기

변수명을 변경할 때는 dplyr 패키지의 rename( ) 함수를 이용합니다. 그러기 위해서는 먼저 dplyr 패키지를 설치하고 로드합니다. 참고로 dplyr은 R에서 데이터 가공을 위해 아주 유용하게 사용하는 패키지입니다.

</> 코드

```
install.packages("dplyr")
library(dplyr)
```

⊙ 실습

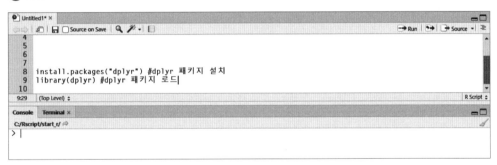

▲ dplyr 패키지 설치 및 로드

패키지를 설치하고 로드했으니 변수명을 변경해보겠습니다.

❸ rename( ) 함수로 변수명 변경하기

jeju_example을 살펴보면 '구분'과 '상세' 컬럼이 있습니다. 위와 같은 컬럼은 컬럼명만 본다면 파악하기 어려우므로 '구분'을 '대륙'으로, '상세'를 '나라'로 변경해보겠습니다.

rename( )에 '데이터 프레임명, 새 변수명=기존 변수명'을 입력하면 됩니다. 반드시 순서에 유의해서 실행합니다. 새 변수명이 기본 변수명보다 앞에 와야 합니다. 적용한 결과를 확인해봅니다.

</> 코드

```
rename(jeju_example, 대륙=구분, 나라=상세)
```

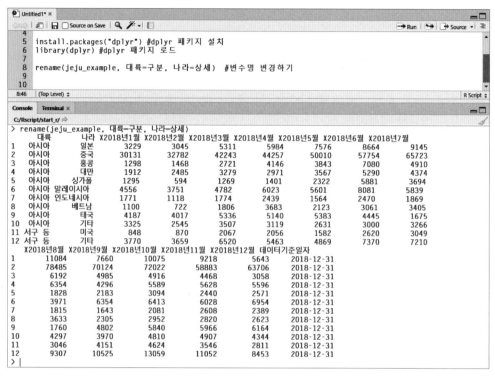

▲ 변수명 변경하기

'구분'이 '대륙'으로, '상세'가 '나라'로 변경된 것을 확인할 수 있습니다. 하지만 이는 단
발성 변환이므로 고정적으로 변수명 변경을 위해서는 새로운 데이터 세트에 저장을 해
두어야 합니다.

③ 파생 변수 생성하기

주어진 데이터만으로 분석할 수도 있지만, 필요에 따라 기존 변수들을 가지고 병합하거나
함수를 활용하여 아예 새로운 변수를 만들어 낼 수도 있습니다. 이를 '파생 변수'를 생성한다
고 합니다. 파생 변수를 생성해내는 방식에는 대표적으로 2가지가 있습니다.

❶ 데이터 연산 방식

데이터 세트에 있는 변수 간 연산으로 새로운 변수를 도출할 때 사용하는 방식입니다. 주로 사칙 연산자(+, −, *, /)를 사용하며 평균, 최솟값, 최댓값 등을 구하는 다양한 함수를 활용할 수 있습니다.

jeju_example 데이터 세트에는 2018년 1월부터 12월까지 방문한 외국인 수가 집계되어 있습니다. 월별 집계가 아닌 분기별로 집계한 값을 확인하기 위해서 2018년 1월부터 3월까지의 집계 숫자를 더해 1분기를 의미하는 first 변수를 새로 생성해보겠습니다.

다음과 같이 코드를 작성해봅니다.

⟨/⟩ 코드

```
jeju_example$first <-
jeju_example$2018년1월+ jeju_example$2018년2월+ jeju_example$2018년3월

View(jeju_example)
```

⚙ 실습

▲ 파생변수 생성하기

View( ) 함수를 사용하여 파생변수가 제대로 생성되었는지 확인해봅시다.

▲ 파생변수 생성하기

맨 마지막에 'first'라는 변수가 생성된 것을 확인할 수 있습니다. 데이터를 연산하는 내용은 뒤에서 더 자세히 살펴보도록 하겠습니다.

❷ 변수 변환 방식

파생변수 생성에는 데이터 연산 방식 이외에도 기존 데이터를 조건에 따라 나눠 새로운 변수를 생성하는 변수 변환 방식도 있습니다.

jeju_example에서 2018년 1월을 기준으로 5000명 이상 방문한 나라는 "Y", 5000명 미만인 나라는 "N" 값을 주어 nation5000_YN 변수에 추가하는 코드를 작성해보겠습니다.

</> 코드

```
jeju_example$nation5000_YN <-
ifelse(jeju_example$X2018년1월 >= 5000, "Y", "N")

View(jeju_example)
```

실습

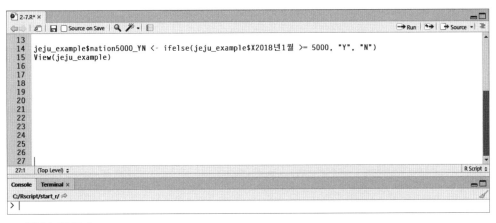

▲ 파생변수 생성하기

View( ) 함수를 활용하여 파생변수가 잘 생성되었는지 확인해봅시다.

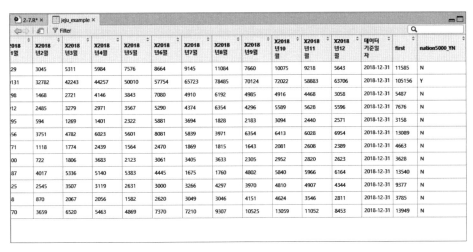

▲ 파생변수 생성하기

ifelse( ) 조건문을 활용하여 조건에 맞게 파생변수를 생성하였습니다.

> **Tip**
>
> ifelse( ) 조건문을 사용할 때 열린 괄호 (( )개수는 닫힌 괄호( )) 개수와 일치해야 합니다. 괄호 개수가 일치하지 않으면 실행되지 않을 수 있습니다.

조건이 5000 이상이면 "Y", 5000 미만이면 "N"과 같이 하나의 기준이 적용될 때도 있지만, 7000 이상일 때 "A", 5000 이상일 때 "B", 3000 이상일 때 "C", 나머지는 "D"의 값을 주는 것과 같이 기준이 여러 개가 될 수도 있습니다. 그런 경우에는 다음과 같이 작성하면 됩니다.

</> 코드

```
jeju_example$nation_grade <-
ifelse(jeju_example$X2018년1월 >= 7000, "A",
        ifelse(jeju_example$X2018년1월 >= 5000, "B",
            ifelse(jeju_example$X2018년1월 >= 3000, "C", "D")))

View(jeju_example)
```

실습

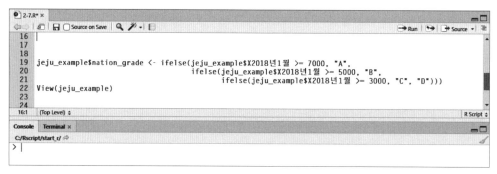

▲ 파생변수 생성하기

다소 복잡해 보이는 문법이지만, 괄호와 순서만 주의 깊게 고려하여 작성하면 됩니다.

> **Tip**
>
> **ifelse 문법 쉽게 이해하기**
>
> 1. 조건이 하나일 때
>   Ifelse(조건, 참일 때 값, 거짓일 때 값)
>
> 2. 조건이 여러 개일 때
>   Ifelse(조건, 참일 때 값,
>   Ifelse(조건, 참일 때 값,
>   Ifelse(조건, 참일 때 값, 거짓일 때 값)))

변수의 값을 통해 데이터를 읽거나 변환할 때, 사칙 연산자를 이용해 연산할 수 있습니다. 이미 알고 있는 내용들을 기반으로 산술 연산부터 차례대로 알아보겠습니다.

1 숫자 데이터를 이용한 산술 연산(Arithmetic Operator)

산술 연산자는 데이터 값을 계산할 때 필요한 기본 연산자입니다. 실습할 때 자주 사용하므로 꼭 기억해 두기 바랍니다.

간단한 내용이므로 각 연산자의 기능을 실습을 통해서만 간단히 확인해보겠습니다.

산술 연산자	기능
+	더하기
−	빼기
*	곱하기
/	나누기
%/%	정수 나눗셈
%%	나머지

</> 코드

```
1+2
10-4
3*7
20/4
21%/%4
21%%4
```

```
1  1+2      #더하기
2  10-4     #빼기
3  3*7      #곱하기
4  20/4     #나누기
5  21%/%4   #정수나누기
6  21%%4    #나머지
7
```

```
> 1+2      #더하기
[1] 3
> 10-4     #빼기
[1] 6
> 3*7      #곱하기
[1] 21
> 20/4     #나누기
[1] 5
> 21%/%4 #정수나누기
[1] 5
> 21%%4   #나머지
[1] 1
>
```

▲ 연산자

② 비교 연산(Comparison Operator)

비교 연산자는 다양한 데이터를 서로 비교하여 TRUE 또는 FALSE와 같은 진리 값(Truth Value)을 반환할 때 사용합니다. 비교 연산자 역시 우리가 이미 배운 익숙한 연산자입니다.

비교 연산자도 동일하게 각 연산자의 기능을 실습을 통해서만 확인해보겠습니다. 각 코드에서 비교한 내용이 맞으면 TRUE를 반환하고, 틀리면 FALSE를 반환합니다.

비교 연산자	기능
>	크다
>=	크거나 같다
<	작다
<=	작거나 같다
==	같다
!=	같지 않다

```
1>3
4>=3
5<7
3<=2
1==1
2!=2
```

⚙ 실습

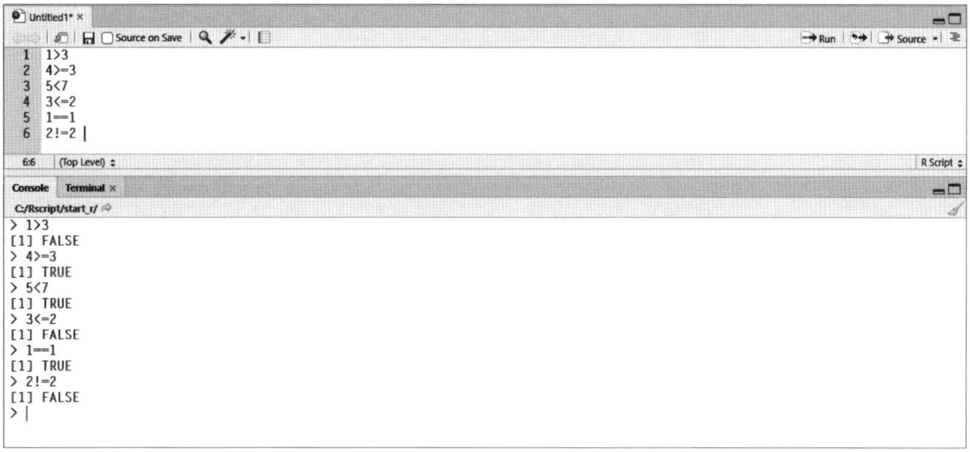

▲ 비교 연산자

③ 논리 연산(Logical Operator)

논리 연산자는 불 연산자(Boolean Operator)라고도 부릅니다. 논리 연산자는 비교 연산자를 통해 얻은 진리 값을 다시 연산할 때 사용합니다.

논리 연산자의 종류에는 & 연산자와 | 연산자가 있습니다. & 연산자를 사용하면 and의 조건처럼 양쪽의 조건 값이 모두 충족될 때만 TRUE를 반환하고, | 연산자를 사용하면 or의 조건처럼 한 쪽의 조건 값만 충족되는 경우에도 TRUE를 반환합니다. 실습을 통해 자세히 살펴보겠습니다.

논리 연산자	기능
&	그리고 (and)
|	또는 (or)

코드

```
x<-3
y<-5
z<-7

x>y & y<z
x>y | y<z
```

실습

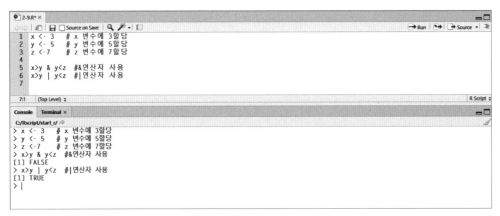

▲ 논리 연산자

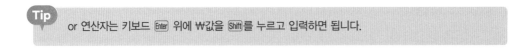
Tip or 연산자는 키보드 Enter 위에 ₩값을 Shift 를 누르고 입력하면 됩니다.

데이터 분석에 필요한 대표적인 세 가지 연산 방식에 대해 개념을 익히고 실습해보았습니다. 데이터 값을 원하는 대로 읽어보고 통찰하기 위해서는 연산을 잘 활용하는 것이 필요합니다. 세 가지 연산자를 잘 이해하고 다음 장으로 넘어가도록 합시다.

Point 3 / **데이터 분석과 통계 분석 함수**

앞서 언급한 것처럼 데이터 분석은 최근에 새로 생겨난 개념이 아닙니다. 데이터 분석 이전에는 주로 통계 분석이라는 단어 아래 데이터를 통해 필요한 것을 읽어내곤 하였습니다. 따라서 데이터 분석 학문과 통계 분석 학문은 서로 밀접한 관계를 맺을 수 밖에 없습니다. 지금까지 원시 데이터를 확인하는 과정부터 데이터를 수집하여 View( ) 함수와 같은 기초 함수로 데이터를 이해하는 과정까지 거쳤습니다. 조금 더 심화하여 데이터를 분석할 수 있는 통계 분석 함수 기법을 사용해 보도록 하겠습니다.

통계 분석 함수는 입문자에게는 쉽지 않은 내용입니다. 또한 기초 통계부터 고급 통계 과정까지 배워야 할 양과 질이 천차만별이므로 본 책은 가장 기본적인 기술 통계 함수와 빈도 분석만 다루고 넘어가도록 하겠습니다.

🔟 기술 통계와 추론 통계

통계는 크게 두 가지 개념으로 나뉠 수 있습니다. 데이터의 생김새, 즉 데이터의 있는 그대로를 보여주는 기술 통계와 가설을 설정하고 검정하는 추론 통계가 있습니다. 추론 통계는 왜 필요할까요?

대한민국 30대 직장인을 대상으로 진행하는 데이터 분석을 하겠다고 가정해봅시다. 데이터 분석을 위해 대한민국 30대 모든 직장인에 대한 데이터를 수집하면 좋겠지만 실제로 모든 데이터를 100% 계산하고 파악하기에는 한계가 있습니다.

그래서 우리는 '표본추출'이라는 것을 합니다. 대한민국 30대 직장인을 대변한다고 하는 가정 아래 모집단을 추출하고 여러 가지 검정 방식을 통해 가설을 검정하는 것입니다. 뉴스 및 신문에서 종종 확인할 수 있는 여론조사를 떠올리면 이해하기 쉬울 것입니다.

② 데이터의 자기소개서, 기술 통계량 분석하기

추론 통계는 뒷부분에서 실습을 통해 배워보도록 하고 지금은 기술 통계량을 배워보도록 하겠습니다. 여기서의 '기술'이라는 단어의 의미는 우리가 보통 이해하는 'Technology'가 아닌 어떤 대상을 상세히 기록하고 묘사하는 'Description'에 해당합니다. 즉 데이터를 분석할 때 다양한 요약 값으로 데이터의 특성을 파악할 수 있고, 그 요약 값을 표나 그래프와 같은 시각적인 방법으로 나타낼 수 있도록 하는 기능을 가지고 있습니다.

한마디로 데이터를 의미 있는 수치로 요약하여 데이터의 특성을 파악할 수 있도록 한 데이터의 자기소개서입니다.

기술 통계 함수에서 간단한 함수부터 살펴보겠습니다.

기술 통계 함수	기능	설명
mean( )	평균	데이터를 모두 더한 후 데이터의 개수로 나눈 값
median( )	중앙값(중위수)	데이터를 크기 순으로 정렬했을 때 정가운데 있는 값 데이터 개수가 홀수면 가운데 값, 짝수면 가운데 있는 두 개의 값을 더해 2로 나눈 값
max( )	최댓값	데이터를 순서대로 정렬했을 때 가장 큰 값
min( )	최솟값	데이터를 순서대로 정렬했을 때 가장 작은 값
range( )	범위	최댓값에서 최솟값의 범위

평균과 중앙값을 나누는 이유는 무엇일까요?

평균은 데이터의 극단적인 값, 즉 이상치를 포함할 때 데이터가 속해있는 집단을 제대로 대표하지 못합니다. 연봉이 2000만 원인 사람과 1억인 사람의 평균은 6000만 원이 되는 것처럼, 평균을 무조건 집단을 대표하는 값으로 보기에는 무리가 있습니다.

그래서 데이터 분석에서는 중앙값을 통해서도 데이터를 파악합니다.

중앙값은 말 그대로 정 가운에 있는 값으로서 데이터의 분포가 어떻게 이루어져 있는지 파악할 수 있습니다. 하지만 주의해야 할 점은 평균과 중앙값 모두 완벽하게 어떤 하나가 데이터를 잘 대변한다고 간주하면 안됩니다. 차차 배우게 될 여러 가지 기법을 통해 이상치와 결측치를 고려하고, 다양한 함수를 활용하여 데이터가 가지고 있는 진짜 의미를 파악하는 능력을 배워나가는 것이 중요합니다.

계속해서 기술 통계 함수에 대해서 알아보도록 하겠습니다. 본 장에서는 내용 정도만 파악하도록 합니다.

기술 통계 함수	기능	설명
quantile( )	분위수	• 데이터를 순서대로 정렬했을 때 하위 25%, 50%, 75% 지점의 값 • probs 옵션에 따라 1사분위수 (Q1), 2사분위수(Q2), 3사분위수(Q3)로 구분
var( )	분산	• 데이터가 평균으로부터 퍼진 정도를 설명하는 통계량 • 분산 값이 작을수록 평균에 몰려 있음
sd( )	표준편차	• 데이터가 값이 퍼진 정도를 설명하는 통계량 • 표준편차 값이 클수록 넓게 퍼짐
kurtosi( )	첨도 (Kurtosis)	• 데이터 분포가 뾰족한 정도를 설명하는 통계량 • 통계량이 0보다 크면 정규분포 대비 뾰족하며, 0보다 작으면 정규분포 대비 평평함
skew( )	왜도 (Skewness)	• 데이터 분포의 비대칭성을 설명하는 통계량 • 통계량의 절댓값이 클수록 비대칭이 심하고, +값이면 오른쪽으로 꼬리가 길고, −값이면 왼쪽으로 꼬리가 긴 형태임

❸ 기술 통계량 함수를 어떻게 확인할까?

기술 통계량 함수는 R에 기본으로 내장된 summary( ) 함수와 psych 패키지에 포함된 describe( ) 함수를 이용해서 확인할 수 있습니다. summary( ) 함수보다 describe( ) 함수가 변수 개수, 표준편차, 범위, 첨도, 왜도 등 더 많은 기술 통계 내용을 보여주지만 본 장에서는 summary( ) 함수를 사용해서 기술 통계 내용을 확인해보도록 하겠습니다.

간단한 데이터를 가지고 실습해보겠습니다.

⟨/⟩ 코드

```
exam <- read_excel("excel_exam.xlsx")
summary(exam)
```

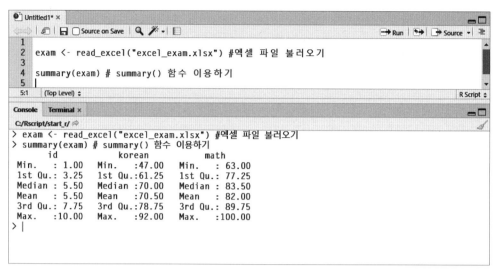

▲ summary 함수

위와 같이 summary( ) 함수를 통해 excel_exam.xlsx 파일 내 각 변수의 4분위수, 최솟값, 최댓값, 평균과 중앙값까지 한번에 확인할 수 있습니다.

④ 특정 값이 얼마나 반복되는지 알 수 있는 빈도 분석

데이터의 종류에는 크게 수치형 데이터와 범주형 데이터가 있습니다.

수치형 데이터는 말그대로 학생들의 수학 점수를 100점 만점으로 기준을 잡고 점수를 집계하는 것과 같이 수치로 표시되는 데이터이고, 범주형 데이터는 여성, 남성과 같은 구분이 가능하고 범주에 포함될 수 있는 데이터를 말합니다.

범주형 데이터는 위와 같이 기술 통계 분석을 하기에는 한계가 있습니다. 여성과 남성의 평균과 중앙값이 의미가 있을까요? 따라서 범주형 데이터는 빈도 분석으로 기술 통계 분석을 합니다.

빈도 분석(Freq)은 데이터의 항목별 빈도 및 빈도 비율을 나타내는 방법으로 범주형 데이터 분포를 파악할 때 빈번하게 사용합니다. 빈도 분석에는 주로 freq( ) 함수를 이용하고, freq( ) 함수는 descr 패키지에 포함되어 있습니다.

패키지를 설치하고 jeju.csv 파일을 통해 간단한 빈도 분석을 수행해보겠습니다.

〈/〉 코드

```
install.packages("descr")
library(descr)

jeju_exam <- read.csv("jeju.csv")
freq_exam<- freq(jeju_exam$구분)
freq_exam
```

◉ 실습

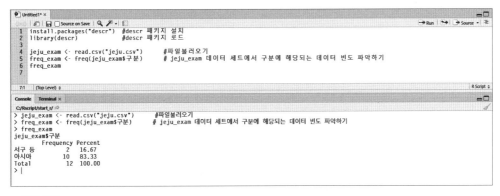

▲ 빈도 분석

데이터에서 구분에 대한 분포를 확인하는 내용입니다. 실행 결과를 보면 구분별 빈도 (Frequency)와 빈도에 따른 비율 분포(Percent)가 출력됩니다.

위 코드와 같이 freq(변수) 형식으로 작성하면 Plots 창에 막대그래프가 생성됩니다. [Export] 버튼을 눌러 외부 파일로도 저장할 수 있습니다. 막대그래프가 필요 없으면 freq(변수, plot=F) 형식으로 작성하여 막대그래프를 제외할 수도 있습니다.

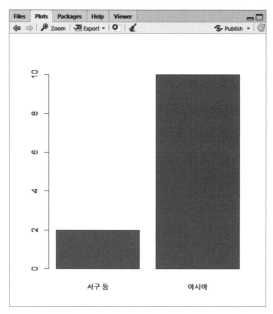

▲ 빈도 분석

지금까지 살펴본 기술 통계 함수와 빈도 분석은 기술 통계 분석을 위한 기초이자 가장 핵심적인 내용이므로 반드시 익혀두고 넘어가도록 합시다.

Point 4 / 데이터 분석의 꽃, 그래프 그리기

R의 가장 큰 장점 중에 하나는 데이터 시각화를 위한 다양한 패키지가 존재하고, 입문자도 쉽게 데이터 시각화를 구현할 수 있는 것입니다. 데이터를 그래프로 표현하게 되면 그냥 데이터를 읽을 때보다 더 쉽게 특징을 이해할 수 있으며, 데이터 분석의 자료를 다른 사람들에게 발표하고 설득시킬 때도 효율적으로 사용할 수 있습니다.

R로 쉽게 만들 수 있는 그래프들을 살펴보고 실습하도록 하겠습니다.

▣ R로 어떤 그래프를 그릴 수 있을까?

그래프(Graph)는 데이터를 보기 쉽게 그림 및 도표로 표현한 것을 의미합니다. R에는 2차원 그래프뿐만 아니라 3차원 그래프, 네트워크 그래프, 지도 그래프, 인터랙티브 그래프 등 다양한 그래프를 그릴 수 있는 패키지가 무궁무진합니다.

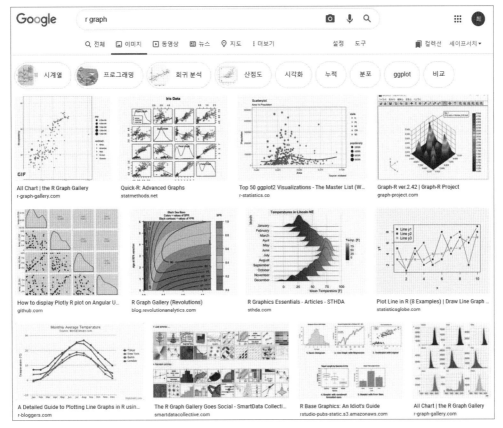

▲ R 그래프(출처: Google)

구글에 'r graph'라는 키워드만 검색해도 커뮤니티, 실습 코드 등 방대한 자료를 찾을 수 있으니 참고하시기 바랍니다.

② 변수의 관계를 파악하는 산점도 그리기

데이터의 변수들 간의 관계를 x축, y축을 활용하여 점으로 표현한 그래프를 '산점도(Scatter Plot)'라고 합니다. 산점도는 경력과 연봉처럼 연속형 데이터로 된 두 변수의 관계를 표현할 때 주로 사용합니다.

❶ 데이터 준비 및 파악하기

실습을 위해 데이터를 준비하겠습니다. R에서 제공하는 swiss라는 내장 데이터를 불러오겠습니다. swiss 데이터는 1988년경 프랑스어를 사용하는 스위스 내 47개 주의 출산율과 사회 경제적 지표를 나타내는 데이터 세트입니다.

코드로 데이터를 파악해보도록 하겠습니다.

</> 코드

```
swiss
```

실습

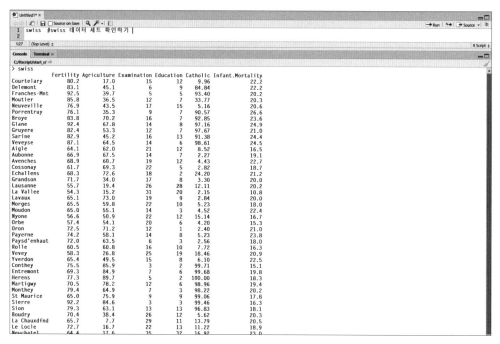

▲ swiss 데이터 세트 확인하기

변수를 확인해보면 다음과 같습니다.

Fertility	일반적인 표준화 된 출산율 측정법
Agriculture	농업에 종사하는 남성들의 비율
Examination	군대 시험에서 최고 점수를 받은 초안 비율
Education	초등학생을 위한 초등학교 이외 교육 비율
Catholic	가톨릭 비율
Infant.Mortality	1년 미만 사망률

❷ 산점도 배경 그리기

여기서 'Catholic' 변수와 'Education' 변수를 사용하여 가톨릭 집안 비율에서 교육의 비율이 어떤 관계를 가질지 그려보겠습니다.

먼저, 산점도를 그리기 위해서 ggplot2 패키지를 설치하고 로드한 후 ggplot 함수를 사용합니다.

aes 옵션으로 x축과 y축에 사용할 변수를 지정해 배경을 만들겠습니다.
ggplot(data=데이터명, aes(x=변수명, y=변수명))

</> 코드

```
install.packages("ggplot2")
library(ggplot2)

ggplot(data=swiss, aes(x=Catholic, y=Education))
```

⚙ 실습

▲ 산점도 배경 만들기

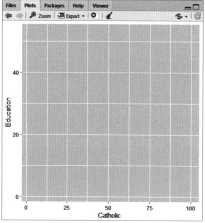

◀ 산점도 배경 만들기

코드를 작성하니 점을 찍을 수 있는 배경이 만들어진 것을 확인할 수 있습니다.

❸ 산점도 그래프 그리기

ggplot2 문법은 레이어 구조로 되어 있어서 먼저 배경을 만들고, 그 위에 그래프 형태를 그려야 합니다. 그리고 맨 마지막에 축의 범위를 조정하고, 색 등 설정을 추가할 수 있습니다. 배경을 그렸으니 그래프를 그려보도록 하겠습니다.

다음과 같이 코드를 작성합니다. 산점도를 그리기 위해서는 geom_point( ) 함수를 덧붙입니다.

</> 코드

```
ggplot(data=swiss, aes(x=Catholic, y=Education)) +geom_point( )
```

⚙ 실습

```
4  library(ggplot2)
5
6  ggplot(data=swiss, aes(x=Catholic, y=Education)) #산점도 배경만들기
7
8  ggplot(data=swiss, aes(x=Catholic, y=Education)) + geom_point() # 배경에 산점도 추가
9
```

```
> ggplot(data=swiss, aes(x=Catholic, y=Education)) #산점도 배경만들기
> ggplot(data=swiss, aes(x=Catholic, y=Education)) + geom_point() # 배경에 산점도 추가
> |
```

▲ 산점도 배경 만들기

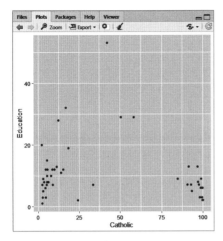

▲ 산점도 그래프 그리기

그래프를 그려서 변수 간의 관계를 확인해보니 'Catholic' 변수와 'Education' 변수와의
관계는 크게 관련이 없다는 사실을 알 수 있습니다. 본 장은 데이터 시각화의 문법을 익
히는 것이 목적이니 실제 데이터 분석 결과에는 크게 염두를 두지 않아도 괜찮습니다.

❹ 그래프를 이미지 파일로 저장하기

Plots 메뉴의 [Export] 버튼을 클릭하면 그래프를 이미지로 바꿔 외부 파일로 저장할
수 있습니다. [Save as Image]를 클릭하면 JPEG, PNG 등의 이미지 파일로 저장할 수
있고, [Save as PDF]를 클릭하면 PDF 포맷으로 저장할 수 있습니다. 자신만의 포트폴
리오 및 자료를 만들 때 용이하게 사용할 수 있습니다.

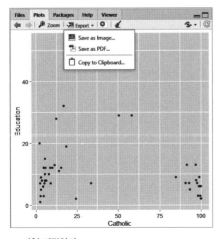

▲ 파일 저장하기

③ 데이터의 전체 형태를 파악하는 줄기 잎 그림

줄기 잎 그래프(Stem-and-Leaf Plot)는 변수의 값을 자릿수에 따라 분류하여 시각화하는 방법입니다. 큰 자릿수의 값은 줄기에 표현하고 작은 자릿수의 값은 잎에 표현하여 데이터의 전체적인 형태를 파악할 수 있으며, 원 데이터의 특성을 유지한 채로 자료를 분석할 수 있다는 장점을 가지고 있습니다.

다음과 같이 x 변수에 할당된 데이터가 15, 16, 21, 37, 39, 40, 42라고 가정하면 줄기 잎 그림은 줄기에는 십의 자릿수인 1, 2, 3, 4가 표현되고 잎에는 일의 자릿수가 표현됩니다.

줄기	잎
1	5,6
2	1
3	7,9
4	0,2

앞서 다운로드한 csv_exam.csv 파일을 데이터 세트로 저장한 후 데이터의 math 변수에 대한 줄기 잎 그림을 그려 보겠습니다.

코드

```
example <- read.csv( " csv_exam.csv " )
stem( example$math )
```

실습

```
Untitled1* ×
  Source on Save  Q   ⟋ ▾                                          → Run    ↱   → Source ▾  ≡
1  example<- read.csv("csv_exam.csv")  # 데이터 불러오기
2  stem(example$math) # 줄기 잎 그래프 그리기
3
3:1  (Top Level) ≑                                                            R Script ≑
Console   Terminal ×
C:/Rscript/start_r/ ⇗
> example<- read.csv("csv_exam.csv")  # 데이터 불러오기
> stem(example$math) # 줄기 잎 그래프 그리기

  The decimal point is 1 digit(s) to the right of the |

  2 | 050
  4 | 5000
  6 | 0
  8 | 00

> |
```

▲ 줄기 잎 그림

콘솔 창을 보면 각 수학 점수에 대한 점수 분포를 순서대로 파악할 수 있어 용이합니다.

④ 비슷한 듯 다른 히스토그램 VS 막대그래프

히스토그램은 연속형 데이터를 일정하게 나눈 구간(계급)을 가로축, 각 구간에 해당하는 데이터의 수(도수)를 세로축으로 그린 그래프입니다. 이러한 히스토그램을 이용하면 구간별 관측치의 분포 상태를 빠르게 확인할 수 있습니다. 하지만 막대그래프는 범주형 데이터의 분포를 그래프로 표현한 것입니다.

히스토그램과 막대그래프를 헷갈리는 경우가 많은데, 다음 표를 보면서 히스토그램과 막대그래프의 차이를 확인해봅니다.

항목	히스토그램	막대그래프
함수	hist( )	barplot( )
데이터 형태	연속형	범주형
예시	키, 나이, 연봉, 점수	지역, 성별

실제 실습을 통해 히스토그램과 막대그래프 차이를 알아보도록 합시다.

❶ 히스토그램_ 데이터 불러와서 hist( ) 함수 사용하기

csv_exam.csv파일을 데이터 세트로 저장한 후 데이터의 math변수에 대한 히스토그램을 그려 보겠습니다.

〈/〉 코드

```
exam <- read.csv("csv_exam.csv")
hist(exam$math)
```

실습

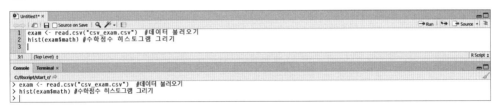

▲ 히스토그램 그리기

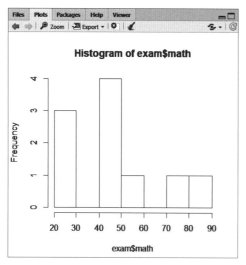

▲ 히스토그램 그리기

main 옵션을 이용하여 그래프의 제목을 변경해보겠습니다

‹/› 코드

```
hist( exam$math, main =" math grade " )
```

실습

```
1  exam <- read.csv("csv_exam.csv")   #데이터 불러오기
2  hist(exam$math) #수학점수 히스토그램 그리기
3  hist(exam$math, main ="math grade") #그래프 제목 변경하기
```

```
> exam <- read.csv("csv_exam.csv")   #데이터 불러오기
> hist(exam$math) #수학점수 히스토그램 그리기
> hist(exam$math, main ="math grade") #그래프 제목 변경하기
> |
```

▲ 히스토그램 그리기

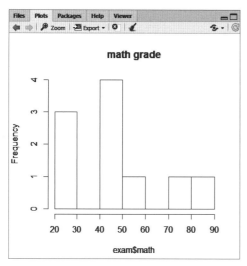

▲ 히스토그램 그리기

❷ 막대그래프_ 데이터를 불러와서 barplot( ) 함수 사용하기

csv_exam.csv 파일을 데이터 세트로 저장한 후 데이터의 class 변수에 대한 막대그래프를 그려 보겠습니다. 앞서 범주형 데이터의 기초 통계 분석 함수를 공부하면서, descr 패키지 내에 포함된 freq( ) 함수를 사용하였습니다. 이번에는 R 내장 함수인 barplot( ) 함수를 사용해보겠습니다.

다만, barplot( ) 함수는 빈도 분석 기능이 없으므로 별도로 table( ) 함수를 사용하여 특정 변수의 데이터 빈도를 데이터 세트 형태로 출력한 후 사용합니다.

Tip table( ) 함수는 특정 변수의 데이터 빈도를 가로로 나열해주는 함수입니다.

◁/▷ 코드

```
exam <- read.csv( " csv_exam.csv " )

exam1 <- table( exam$class )
exam1

barplot( exam1 )
```

```
1  exam <- read.csv("csv_exam.csv") #데이터 불러오기
2
3  exam1 <- table(exam$class) #table() 사용하기
4  exam1
5
6  barplot(exam1) #막대그래프 그리기 |
7
```

```
> exam <- read.csv("csv_exam.csv") #데이터 불러오기
> exam1 <- table(exam$class)
> exam1

1 2 3
4 4 2
> barplot(exam1)
> |
```

▲ 막대그래프 그리기

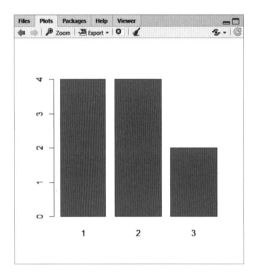

▲ 막대그래프 그리기

Plots 창에 가장 기본 상태의 막대그래프가 출력됩니다. 다양한 옵션을 사용하여 막대그래프에 추가적인 정보를 나타내보겠습니다. 현재 나타낸 막대그래프는 각 항목에 대한 정보가 없고, 단일한 색 표현으로 한눈에 구분되지도 않습니다.

다음과 같은 옵션을 사용할 수 있습니다.

❸ 막대그래프_ 그래프 이름, 항목 값, 색 변경 옵션 사용하기

main 옵션으로 그래프 이름을 설정하고, names 옵션을 통해 각 그래프 항목을 구분합니다. col 옵션으로 순서대로 막대그래프의 색깔을 설정할 수 있습니다.

본 책에서는 색상 구분이 되지 않으니 반드시 실습을 통해 확인하도록 합니다.

</> 코드

```
barplot(exam1, main="class number", names=c("1반", "2반", "3반"),
                                    col=c("blue", "blue", "skyblue"))
```

실습

```
2
3  exam1 <- table(exam$class) #table() 사용하기
4  exam1
5
6  barplot(exam1) #막대그래프 그리기
7
8  barplot(exam1, main = "class number", names = c("1반", "2반", "3반"), col = c("blue", "blue", "skyblue")) #다양한 옵션 사용하기
9
9:1   (Top Level) ÷                                                                                    R Script ÷

Console   Terminal ×
C:/Rscript/start_r/
> barplot(exam1, main = "class number", names = c("1반", "2반", "3반"), col = c("blue", "blue", "skyblue")) #다양한 옵션 사용하기
>
```

▲ 막대그래프 그리기

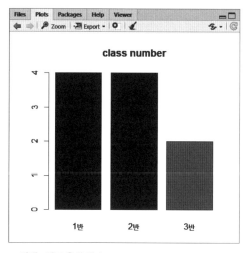

▲ 막대그래프 옵션 결과

옵션을 주어 항목을 구분하고 색을 통해 직관적으로 표현하니 시각적으로 훨씬 유용한 그래프가 된 것을 확인할 수 있습니다. 다양한 데이터를 가지고 각 데이터별 어떤 그래프를 그리는 것이 좋을지 고민하는 시간과 충분히 연습하는 시간을 가지도록 합시다.

Point 5 데이터 결측치 및 이상치 제거하기

1 결측치와 이상치

실제 데이터 분석을 위해 사용되는 데이터들은 완벽하게 정리되어 있지 않습니다. 데이터의 오류가 있을 수도 있고, 앞서 배운 것처럼 필요에 따라서는 데이터라는 것이 생성해나가는 작업도 필요합니다.

특히, 데이터의 오류를 불러오기 쉬운 결측치와 이상치 데이터라는 것이 있습니다. 실제 실습을 통해 결측치와 이상치를 정제하는 방법을 배워보도록 하겠습니다.

❶ 결측치 개념 및 결측치가 포함된 데이터 세트 확인

결측치(Missing Value)는 한마디로 데이터가 없는 것입니다. 결측치가 포함되어 있으면 함수가 제대로 적용되지 않거나 분석 결과가 왜곡되는 문제도 발생합니다. 이러한 결측치는 NA로 표시되고 연산을 해도 결과가 NA가 됩니다. 지금까지는 결측치가 없기 때문에 바로 분석을 수행하였지만, 실제 데이터에서는 결측치 정제과정을 거쳐야 합니다.

먼저 결측치가 포함된 데이터 프레임을 생성해보겠습니다.

〈/〉 코드

```
exam <- data.frame(id=c(1,2,3,4,5)
                   age=c(20,21,NA,23,80)
                   area=c("서울", NA, "부산", "제주", NA))
exam
```

☺ 실습

```
Untitled1* ×
Source on Save  Q  ❋ ·
1  exam <- data.frame(id = c(1,2,3,4,5),
2                     age = c(20,21,NA,23,80),
3                     area = c("서울", NA, "부산","제주", NA))   #결측치 포함 데이터 프레임 생성
4  exam
5  |
5:1  (Top Level) ÷
Console  Terminal ×
C:/Rscript/start_r/ ⬢
> exam <- data.frame(id = c(1,2,3,4,5),
+                    age = c(20,21,NA,23,80),
+                    area = c("서울", NA, "부산","제주", NA))   #결측치 포함 데이터 프레임 생성
> exam
  id age area
1  1  20 서울
2  2  21 <NA>
3  3  NA 부산
4  4  23 제주
5  5  80 <NA>
> |
```

▲ 결측치 데이터

age 변수와 area 변수에 각 결측치가 포함되어 있는 것을 확인할 수 있습니다.

> **Tip**
>
> 실행 결과를 보면 〈NA〉, NA 이렇게 두 가지 방식으로 표현되고 있다는 것을 확인할 수 있습니다.
> 문자로 구성된 변수는 〈NA〉와 같이 표시됩니다.

> **Tip**
>
> 결측치를 변수에 할당할 때는 따옴표 없이 작성합니다.

❷ 결측치 확인과 결측치 제거

is.na( ) 함수를 이용하여 결측치의 유무를 파악할 수 있습니다.
코드를 작성해보도록 하겠습니다.

</> 코드

```
is.na(exam)
```

실습

```
Untitled1* ×
       Source on Save   Q   
   4
   5   is.na(exam) #결측치 확인하기
   6
   7
10:1   (Top Level) ÷
Console   Terminal ×
C:/Rscript/start_r/
> is.na(exam) #결측치 확인하기
          id   age  area
[1,] FALSE FALSE FALSE
[2,] FALSE FALSE  TRUE
[3,] FALSE  TRUE FALSE
[4,] FALSE FALSE FALSE
[5,] FALSE FALSE  TRUE
> |
```

▲ 결측치 데이터

결측치인 값은 TRUE, 아닌 값은 FALSE 값으로 반환합니다.

> **Tip** 'is.'로 시작하는 함수는 해당 데이터의 특정 속성 유무를 논리값으로 반환해주는 함수입니다.
> 유용하게 사용되는 함수이므로 꼭 기억해두도록 합시다.

데이터가 없는데 연산을 하면 어떻게 될까요? mean( ) 함수를 사용하여 age 변수의 평균값을 구해보도록 하겠습니다.

코드

```
mean( exam$age )
```

실습

```
Untitled1* ×
       Source on Save   Q   
   7
   8   mean(exam$age) #결측치 포함 데이터 연산하기
   9
  10
10:1   (Top Level) ÷
Console   Terminal ×
C:/Rscript/start_r/
> mean(exam$age) #결측치 포함 데이터 연산하기
[1] NA
> |
```

▲ 결측치 데이터

결측치를 제거하지 않고 그대로 함수에 적용하면 정상적으로 연산되지 않고, NA가 출력되는 것을 확인할 수 있습니다.

그럼 이제, 결측치를 제거해보도록 하겠습니다.

na.omit( ) 함수를 사용하여 결측치가 있는 모든 데이터를 제거해보겠습니다.

◀/▶ 코드

```
exam1 <- na.omit(exam)
exam1
```

✪ 실습

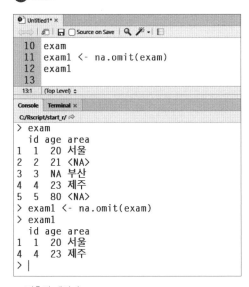

▲ 결측치 데이터

결측치를 포함한 모든 데이터가 삭제되었습니다.

하지만 만약 데이터 분석을 수행하는데 있어 id, age 변수만 필요하다고 가정해봅시다. 위와 같은 코드는 무조건 결측치를 포함한 데이터를 제거하여 분석에 사용할 수 있는 id=2, 5의 데이터도 모두 제거되는 것입니다. 이럴 경우에는 dplyr 패키지의 filter( ) 함수를 사용하여 결측치를 제거할 수 있는데, 그 부분은 뒤에서 설명하도록 하겠습니다.

그럼 만약 결측치가 있는 모든 데이터를 제거하지 않고, 결측치만 제외하고 연산하도록 하는 것은 어떨까요?

연산 시에 na.rm 파라미터를 TRUE라고 설정하면 결측치를 제외하고 함수를 적용하기 때문에 연산이 가능합니다. 하지만 모든 함수가 na.rm을 지원하지는 않습니다.

mean( ) 함수를 다시 한번 적용해보도록 하겠습니다.

</> 코드

```
mean( exam$age, na.rm=TRUE )
```

실습

▲ 결측치 데이터

실행 결과를 보면 결측치가 있는 데이터인데도 연산 결과가 정상적으로 출력된 것을 확인할 수 있습니다.

❸ 이상치 개념 및 이상치 제거하기

결측치를 제외하고 age 변수의 평균을 구해보니 36이라는 결과가 나왔습니다. 그런데, 다시 한번 age 변수의 데이터를 살펴봅시다. age 변수는 20, 21, NA, 23, 80으로 구성되어 있습니다. 결측치를 제외하고 육안으로 바라만 봐도 평균 20 초반의 숫자가 나와야 합니다. 하지만 80 데이터 하나로 평균 값이 데이터와는 관련이 없는 36이라는 결과가 나온 것입니다. 데이터를 잘 들여다 보지 않았다면 본 집단의 평균 나이가 36세라고 판단해 버릴 수 있습니다.

이처럼 정상 범주에서 크게 벗어난 값을 '이상치(Outlier)'라고 합니다. 오류는 아니지만 드물게 발생하는 극단적인 값이므로 데이터의 분석 결과가 왜곡될 수 있는 가능성이 큽니다.

본 데이터에서 분석하고자 하는 내용이 20대의 지역 분포라고 가정해봅시다. 따라서 age 변수에서 30세 이상의 나이는 결측치로 변환하는 작업을 수행해보겠습니다.

앞에서 배운 ifelse 문을 활용합니다.

</> 코드

```
exam$age <- ifelse( exam$age >= 30, NA, exam$age )
exam
mean( exam$age, na.rm=TRUE )
```

실습

```
20
21  exam$age <- ifelse(exam$age>=30, NA, exam$age)    #이상치를 결측치로 변환
22  exam
23  mean(exam$age, na.rm = TRUE) #결측치 제외하고 연산하기
24
24:1  (Top Level) ⇡
Console    Terminal ×
C:/Rscript/start_r/ ⇱
> exam$age <- ifelse(exam$age>=30, NA, exam$age)      #이상치를 결측치로 변환
> exam
  id age area
1  1  20 서울
2  2  21 <NA>
3  3  NA 부산
4  4  23 제주
5  5  NA <NA>
> mean(exam$age, na.rm = TRUE) #결측치 제외하고 연산하기
[1] 21.33333
> |
```

▲ 이상치 제거하기

30세 이상은 결측치로 변환되고 나머지 데이터들은 결측치 제외 후 연산된 결과를 파악할 수 있습니다.

② 상자 그래프로 이상치 파악하기

❶ 이상치가 포함된 데이터 프레임 생성하기

R이 제공하는 그래프 중 하나인 상자 그래프는 데이터의 분포를 파악하기 좋은 그래프입니다. 분포라고 하는 것은 데이터 값들이 어떻게 분포되어 있는지, 이상치가 존재하는지 등을 의미하고 상자 그래프는 직사각형의 상자 모양으로 데이터의 사분위 수에 대해 한눈에 파악이 가능하도록 표현해줍니다.

이상치가 포함된 데이터 세트를 만들어보고, 상자 그래프를 그린 뒤 데이터 분석에 중요한 분포에 대해 배워보도록 하겠습니다. 먼저 데이터 세트를 생성하고 exam 변수에 할당합니다.

</> 코드

```
exam <- data.frame(id=c(1,2,3,4,5,6),
                   age=c(20,21,22,23,80,1),
                   sex=c("F", "M", "F", "M", "M", "A"))

exam
```

실습

```
Untitled1* ×
       Source on Save
1  exam <- data.frame(id = c(1,2,3,4,5,6),
2                     age = c(20,21,22,23,80,1),
3                     sex = c("F", "M", "F","M", "M","A"))    #이상치 포함 데이터 프레임 생성
4  exam
5
5:1    (Top Level)

Console   Terminal ×
C:/Rscript/start_r/
> exam <- data.frame(id = c(1,2,3,4,5,6),
+                    age = c(20,21,22,23,80,1),
+                    sex = c("F", "M", "F","M", "M","A"))    #이상치 포함 데이터 프레임 생성
> exam
  id age sex
1  1  20   F
2  2  21   M
3  3  22   F
4  4  23   M
5  5  80   M
6  6   1   A
> |
```

▲ 이상치 제거하기

❷ boxplot( ) 함수로 상자 그래프 그리기

age 변수를 가지고 상자 그래프를 그려보도록 하겠습니다.

‹/› 코드

```
boxplot( exam$age )
```

⚙ 실습

```
9
10  boxplot(exam$age) # 상자 그래프 그리기
11
11:1  (Top Level) ≑

Console   Terminal ×
C:/Rscript/start_r/ ⇘
> boxplot(exam$age) # 상자 그래프 그리기
> |
```

▲ 상자 그래프 그리기

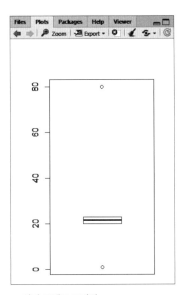

▲ 상자 그래프 그리기

상자 그래프의 결과를 살펴보면 직사각형이 20 지표에 모여 있고, 위 아래로 조그마한 동그라미 점이 이상치로 표시된 것을 확인할 수 있습니다. 상자 그래프는 데이터 값을 크기 순으로 나열해 4등분했을 때 위치하는 값인 사분위수를 이용해 그립니다.

사분위수에 대한 지세한 내용은 PART 04에서 프로젝트와 함께 지세히게 다룰 예정이니, 본 장에서는 상자 그림을 통해 이상치가 표시되는 것 정도로 이해를 하고 넘어가도록 합니다.

PART 02에서는 데이터 가공에 대한 다양한 내용과 간단한 그래프를 그리는 작업을 연습하였습니다. 본 책의 독자가 입문자임을 고려하여 이해를 돕기 위해 데이터를 간단히 구성하여 최대한 문법의 활용과 데이터 수집 및 가공에 대한 전반적인 흐름을 파악하는 것으로 중점을 두었습니다.

조금 더 심화된 학습을 원하는 독자분들은 공공데이터 및 실제 데이터를 기반으로 지금까지 배운 과정을 실습해보고, 잘 해결되지 않는 부분이 있다면 필자의 메일로 문의하시면 답변 드리도록 하겠습니다.

PART 03은 R에서 유용하게 사용되는 패키지를 중점으로 개념을 익히고 실습해보도록 하겠습니다.

1. 기본 함수로 데이터 파악하기

R스튜디오로 데이터를 불러와서 가장 먼저 해야 할 일은 R스튜디오에서 제공하는 편리한 함수들을 통해 데이터의 전반적인 구조를 파악하는 것이 필요합니다. 각 기본 함수들과 기능을 익혀둡시다.

데이터 파악 함수	설명
View( )	뷰어 창에서 데이터 세트 확인
str( )	데이터 속성 확인
dim( )	데이터 차원 확인(몇 행, 몇 열인지)
ls( )	변수 항목 리스트로 확인
head( )	데이터 앞부분 확인
tail( )	데이터 뒷부분 확인
summary( )	요약 통계량 확인

2. 변수명 변경하기

- 변수명이 알아보기 어렵고 규칙적이지 않으면 데이터 분석을 진행할 때 헷갈리기 쉽습니다. 또한, 데이터의 속성이 늘어날수록 복잡해지므로 변수명을 잘 고려하여 정하는 것은 중요한 작업입니다. 변수명을 생성할 때는 다음과 같은 2가지 기본 법칙을 고려합니다. .

  ❶ 변수명은 이해하기 쉬운 단어로 바꾼다.
  ❷ 변수명은 규칙적으로 변경한다.

- 변수명 변경을 위해서는 dplyr 패키지의 rename( ) 함수를 사용합니다.
- A를 a로, B를 b로 변수명을 변경하려면?

  rename(jeju_example, a=A, b=B)

3. 파생 변수 생성하기

필요에 따라 기존 변수들을 가지고 병합하거나 함수를 활용하여 아예 새로운 변수를 만들어 낼 수도 있습니다. 이를 '파생 변수'를 생성한다고 합니다. 두 가지 방식이 있습니다.

❶ 데이터 연산 방식 (산술 연산자를 활용하여 새로운 변수를 도출합니다.)

  jeju_example$first <−
  jeju_example$2018년1월+ jeju_example$2018년2월+ jeju_example$2018년3월

❷ 변수 변환 방식 (기존 데이터를 조건에 따라 나눠 새로운 변수를 생성합니다.)

jeju_example$nation5000_YN <−
ifelse(jeju_example$X2018년1월 >= 5000, "Y", "N")

4. 데이터 분석의 기초, 연산자

❶ 산술연산

산술 연산자	기능
+	더하기
−	빼기
*	곱하기
/	나누기
%/%	정수 나눗셈
%%	나머지

❷ 비교연산

비교 연산자	기능
>	크다
>=	크거나 같다
<	작다
<=	작거나 같다
==	같다
!=	같지 않다

❸ 논리연산

논리 연산자	기능
&	그리고 (and)
|	또는 (or)

5. 기술 통계와 추론 통계

데이터의 생김새, 즉 데이터의 있는 그대로를 보여주는 기술 통계와 가설을 설정하고 검정하는 추론 통계가 있습니다.

6. 기술 통계

• '기술'이라는 단어의 의미는 우리가 보통 이해하는 'Technology'가 아닌 어떤 대상을 상세히 기록하고 묘사하는 'Description'에 해당합니다.

데이터를 분석할 때 다양한 요약 값으로 데이터의 특성을 파악할 수 있고, 그 요약 값을 표나 그래프와 같은 시각적인 방법으로 나타낼 수 있도록 하는 기능을 가지고 있습니다.

기술 통계 함수	기능	설명
mean( )	평균	• 데이터를 모두 더한 후 데이터의 개수로 나눈 값
median( )	중앙값(중위수)	• 데이터를 크기 순으로 정렬했을 때 정가운데 있는 값 • 데이터 개수가 홀수이면 가운데 값, 짝수이면 가운데 있는 두 개의 값을 더해 2로 나눈 값
max( )	최댓값	• 데이터를 순서대로 정렬했을 때 가장 큰 값
min( )	최솟값	• 데이터를 순서대로 정렬했을 때 가장 작은 값
range( )	범위	• 최댓값에서 최솟값의 범위

기술 통계 함수	기능	설명
quantile( )	분위수	• 데이터를 순서대로 정렬했을 때 하위 25%, 50%, 75% 지점의 값 • probs 옵션에 따라 1사분위수(Q1), 2사분위수(Q2), 3사분위수(Q3)로 구분
var( )	분산	• 데이터가 평균으로부터 퍼진 정도를 설명하는 통계량 • 분산 값이 작을수록 평균에 몰려 있음
sd( )	표준편차	• 데이터가 값이 퍼진 정도를 설명하는 통계량 • 표준편차 값이 클수록 넓게 퍼짐
kurtosi( )	첨도(Kurtosis)	• 데이터 분포가 뾰족한 정도를 설명하는 통계량 • 통계량이 0보다 크면 정규분포 대비 뾰족하며, 0보다 작으면 정규분포 대비 평평함
skew( )	왜도 (Skewness)	• 데이터 분포의 비대칭성을 설명하는 통계량 • 통계량의 절댓값이 클수록 비대칭이 심하고, +값이면 오른쪽으로 꼬리가 길고, −값이면 왼쪽으로 꼬리가 긴 형태임

- 기술 통계량 함수는 R에 기본으로 내장된 summary( ) 함수와 psych 패키지에 포함된 describe( ) 함수를 이용해서 확인할 수 있습니다. summary( ) 함수보다 describe( ) 함수가 변수 개수, 표준편차, 범위, 첨도, 왜도 등 더 많은 기술 통계 내용을 보여줍니다.
- 빈도분석은 범주형 데이터를 대상으로 시행하는 기술 통계 분석입니다. descr패키지의 freq( ) 함수를 사용할 수 있습니다.

7. 데이터 분석의 꽃, 그래프 그리기

❶ 변수의 관계를 파악하는 산점도 그리기

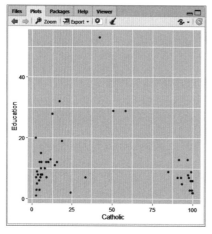

▲ ggplot(data=데이터명, aes(x=변수명, y=변수명))
+geom _point( )

❷ 데이터의 전체 형태를 파악하는 줄기 잎 그림

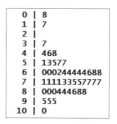

▲ stem(데이터 세트$변수)

❸ 히스토그램 VS 막대그래프

항목	히스토그램	막대그래프
함수	hist( )	barplot( )
데이터 형태	연속형	범주형
예시	키, 나이, 연봉, 점수	지역, 성별

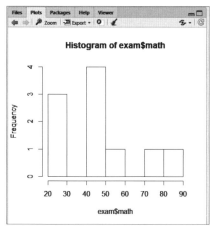

▲ hist(데이터 세트 $변수)

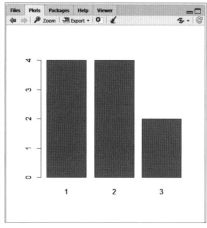

▲ barplot(데이터 세트)

8. 결측치와 이상치

❶ 결측치 : 결측치(Missing Value)는 한마디로 데이터가 없는 것입니다. 결측치가 포함되어 있으면 함수가 제대로 적용되지 않거나 분석 결과가 왜곡되는 문제도 발생합니다. 이러한 결측치는 NA로 표시되고, 연산을 해도 결과가 NA가 됩니다.

 na.omit( ) 함수를 사용하여 결측치를 제거할 수 있습니다.
 na.omit(데이터 세트)

❷ 이상치 : 정상 범주에서 크게 벗어난 값을 '이상치(Outlier)'라고 합니다. 오류는 아니지만 드물게 발생하는 극단적인 값이므로 데이터의 분석 결과가 왜곡될 수 있는 가능성이 큽니다. 상자 그래프는 데이터의 분포를 잘 보여주는 그래프이며, 이상치의 유무를 한눈에 파악할 수 있습니다.

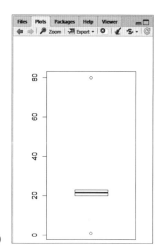

▶ boxplot(데이터 세트 $변수명)

PART **03**

R 필수 패키지 실습하기

데이터 가공 재간둥이,
dplyr 패키지 실습하기

"데이터 가공에 있어서 dplyr 패키지는
단연 가장 사랑받는 패키지라고 할 수 있을 만큼
데이터 가공에 필요한 다양한 함수들이 존재합니다.
지금부터 dplyr 패키지의 매력에 함께 빠져봅시다."

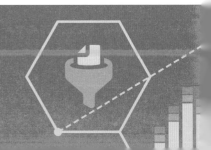

성공적인 데이터 분석을 위해서는 데이터를 목적에 맞게 자유자재로 가공해야 한다고 강조해왔습니다. 이런 데이터 가공에서 가장 유용하고 사랑받는 dplyr 패키지를 통해 데이터를 가공하는 여러 기법에 대해 배워보도록 하겠습니다.

Point 1 dplyr 패키지

dplyr 패키지는 개발에 익숙하지 않은 입문자들도 쉽게 사용할 수 있으며, 처리속도도 빠르다는 장점을 가지고 있습니다. 또한 %>% 연산자를 이용하여 따로따로 가공을 수행하지 않고 한 번에 수행할 수 있어 시간도 단축시킬 수 있습니다.

dplyr 패키지의 주요 함수에 대해 알아보겠습니다.

dplyr 함수	기능
select( )	변수(열) 추출
filter( )	행 추출
arrange( )	정렬
summarise( )	요약
group_by( )	집단별로 나누기
bind_rows( )	데이터 합치기(행), 세로 결합
left_join( )	데이터 합치기(열), 가로 결합
mutate( )	새로운 열 추가
distinct( )	중복 값 제거

가장 핵심이 되는 함수들을 정리해 보았습니다. 각 실습을 통해 자세히 배워보도록 합시다.

dplyr 패키지 실습하기

1 필요한 데이터만 추출해보기

데이터를 분석할 때 전체 데이터를 분석하기도 하지만 필요한 데이터만 추출해 분석하기도
합니다. 데이터 추출 방식에는 필요한 변수만 추출하거나(열 추출), 원하는 조건 값에 맞는
데이터를 추출하는(행 추출) 방식이 있습니다.

❶ 필요한 변수만 추출하는 select( ) 함수

변수는 여러 변수 중 필요한 변수만 선택하여 추출할 수도 있고, 지정한 변수를 제외한
나머지 변수만 추출할 수도 있습니다.

먼저 csv_exam.csv 데이터 세트에 있는 class 변수만 출력하는 코드와 class 변수를
제외한 나머지 모두를 추출하는 코드를 함께 작성한 후 실행해보겠습니다.

패키지를 설치하고 로드합니다. 그 후 csv_exam.csv 파일을 불러와 exam 변수에 할
당합니다. select(데이터, 출력하려는 변수명) 함수를 다음과 같이 작성합니다.

</> 코드

```
install.packages( "dplyr" )
library(dplyr)

exam<- read.csv( "csv_exam.csv" )
select(exam, class)
```

실습

```
1  install.packages("dplyr")        #dplyr 패키지 설치
2  library(dplyr)                    #dplyr 패키지 로드
3
4  exam <- read.csv("csv_exam.csv")         #데이터 불러와서 exam 변수에 할당
5  select(exam, class)               # class 속성만 추출
6

6:1    (Top Level) ≑                                                        R Script ≑

Console   Terminal ×
C/Rscript/start_r/
> exam <- read.csv("csv_exam.csv")        #데이터 불러와서 exam 변수에 할당
> select(exam, class)                     # class 속성만 추출
    class
1      1
2      1
3      1
4      1
5      2
6      2
7      2
8      2
9      3
10     3
```

▲ select 함수

class 변수만 추출된 결과를 확인할 수 있습니다. 한 개뿐만이 아닌 여러 개의 변수를 선택하고 싶다면 쉼표로 구분하여 입력하면 됩니다. 이제 class 변수만 제외하고 데이터를 추출하도록 하겠습니다. 제외하고 싶은 변수에 '−'만 붙여서 작성하면 됩니다.

〈/〉 코드

```
select(exam,- class)
```

⚙ 실습

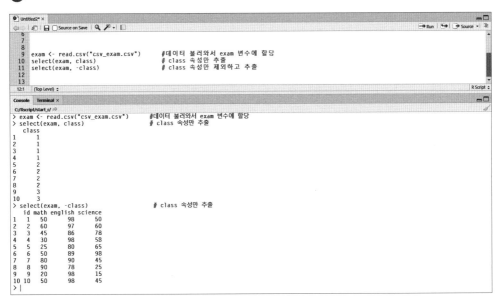

▲ select 함수

class 변수를 제외하고 나머지 변수만 잘 추출된 것을 확인할 수 있습니다.

❷ 조건에 맞는 데이터만 추출하는 filter( ) 함수

select( ) 함수는 필요한 변수를 지정하여 추출할 때 사용하는데 반해, filter( ) 함수는 필요한 조건을 지정하여 조건에 맞는 데이터만 추출하여 분석할 때 활용합니다. 데이터를 다룰 때 가장 많이 활용하는 함수이므로 꼼꼼하게 살펴보도록 합시다.

조건절 추출 방식에서는 필요한 조건을 지정해야 하므로 filter( ) 함수 사용 방법과 함께 논리 연산자의 쓰임에 대해서도 제대로 숙지하고 있어야 합니다. 앞서 배운 연산자를 활용할 시점입니다.

실습 데이터인 csv_exam.csv 파일에서 수학 점수가 50점 이상인 학생의 정보만 추출한다고 가정해봅시다. 다음과 같이 코드를 작성합니다.

```
exam<- read.csv( " csv_exam.csv " )
exam %>% filter( math>=50 )
```

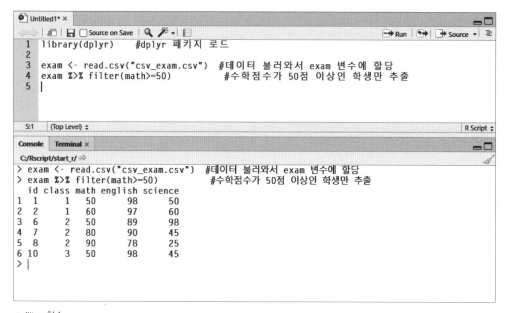

▲ filter 함수

비교 연산자 >=를 활용하여 수학 점수가 50점 이상인 조건에 해당하는 데이터만 불러온 것을 확인할 수 있습니다.

이번에는 class가 3반인 경우에 해당되는 데이터만 불러와봅시다.

```
exam %>% filter( class==3 )
```

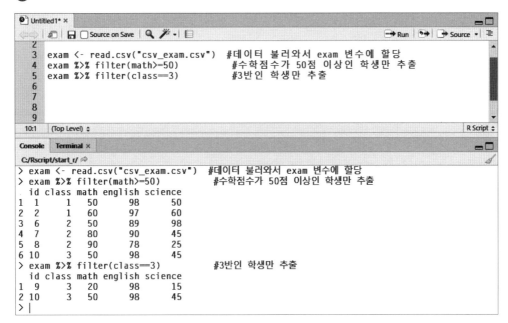

● 실습

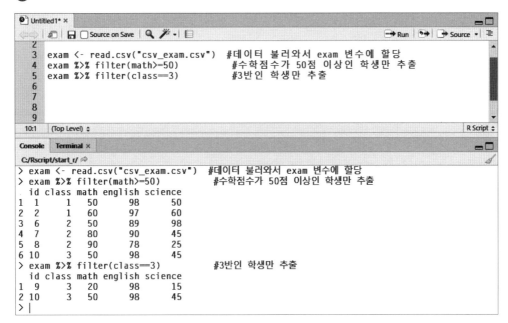

▲ filter 함수

그럼 조금 더 응용하여 수학 점수가 50점 이상이고, 3반인 학생을 추출하려면 어떻게
해야 할까요? 비교 연산자와 논리 연산자를 응용해서 코드를 작성해봅시다.

● 코드

```
exam %>% filter( class==3 & math>=50 )
```

● 실습

▲ filter 함수

두 가지 조건을 모두 충족해야 하므로 & 연산을 사용하여 데이터를 추출합니다. 차근 차근 배운 내용들을 복습하다 보면 이와 같이 점점 더 전문적이고 응용할 수 있는 능력이 확장될 수 있습니다.

> **Tip**
> 조건절의 데이터가 문자형(chr)일 때는 작은따옴표(') 또는 큰따옴표("")를 반드시 붙여야 합니다.
> 숫자형일 때는 위와 같이 따옴표를 생략합니다.

> **Tip**
> %>% 연산자는 파이프 연산자(Pipe Operator)라고 하며, dplyr 패키지에 포함된 기능 중 하나입니다. 함수의 결과 값을 별도의 변수에 따로 저장하지 않더라도 파이프를 넘기는 것처럼 연산자를 이용하면 바로 사용할 수 있습니다. 여러 번 실행해야 하는 복잡한 코드를 한 번에 처리할 수 있게 연결해 주어 코드가 간결해지고 가독성이 높아집니다.

뒷부분에서 %>% 연산자에 더욱 집중하여 실습해보도록 하겠습니다.

② 데이터 정렬하기

arrange( ) 함수를 사용하면 변수를 크기 순으로 정렬하여 새로운 데이터를 만들거나 조회할 수 있습니다. 기본 값은 오름차순 정렬이고, 내림차순으로 정렬하기 위해서는 arrange(desc( ))를 입력하면 됩니다.

❶ 오름차순 정렬 arrange( ) 함수

계속해서 csv_exam.csv를 사용하여 데이터를 정렬해보는 실습을 해보겠습니다. english 변수를 기준으로 오름차순 정렬하여 영어 점수가 낮은 사람부터 높은 사람 순으로 정렬해보겠습니다.

</> 코드

```
exam <- read.csv( " csv_exam.csv " )
exam %>% arrange( english )
```

```
Untitled1* ×
  Source on Save                                                        → Run   → Source ▾
1  exam <- read.csv("csv_exam.csv") #데이터 불러오기
2  exam %>% arrange(english) #english 변수 기준 오름차순 정렬
3  |
3:1   (Top Level)                                                                R Script
Console   Terminal ×
C:/Rscript/start_r/
> exam <- read.csv("csv_exam.csv") #데이터 불러오기
> exam %>% arrange(english) #english 변수 기준 오름차순 정렬
    id class math english science
1    8     2   90      78      25
2    5     2   25      80      65
3    3     1   45      86      78
4    6     2   50      89      98
5    7     2   80      90      45
6    2     1   60      97      60
7    1     1   50      98      50
8    4     1   30      98      58
9    9     3   20      98      15
10  10     3   50      98      45
> |
```

▲ arrange 함수

❷ 내림차순 정렬 arrange(desc( ))함수

이번에는 동일한 english 변수 기준으로 영어 점수가 높은 값에서 낮은 값 순으로 내림
차순 정렬해보겠습니다. arrange 함수에 desc 옵션을 주면 됩니다.

```
exam %>% arrange( desc( english ) )
```

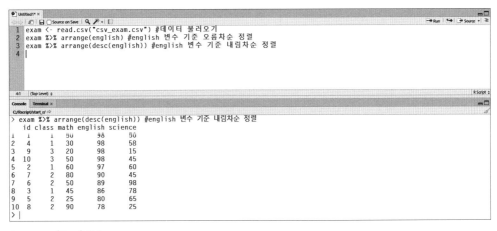

```
Untitled1* ×
  Source on Save                                                        → Run   → Source ▾
1  exam <- read.csv("csv_exam.csv") #데이터 불러오기
2  exam %>% arrange(english) #english 변수 기준 오름차순 정렬
3  exam %>% arrange(desc(english)) #english 변수 기준 내림차순 정렬
4  |
4:1   (Top Level)                                                                R Script
Console   Terminal ×
C:/Rscript/start_r/
> exam %>% arrange(desc(english)) #english 변수 기준 내림차순 정렬
    id class math english science
1    1     1   50      98      50
2    4     1   30      98      58
3    9     3   20      98      15
4   10     3   50      98      45
5    2     1   60      97      60
6    7     2   80      90      45
7    6     2   50      89      98
8    3     1   45      86      78
9    5     2   25      80      65
10   8     2   90      78      25
> |
```

▲ arrange(desc) 함수

❸ 오름차순, 내림차순 동시에 적용하기

변수 하나만 정렬하는 것이 아니라 여러 변수를 중첩 정렬할 때도 있습니다. 정렬 중첩은 쉼표를 활용하여 작성합니다.

본 데이터 세트에 있는 math 변수는 오름차순, english 변수는 내림차순 정렬로 중첩해보겠습니다.

</> 코드

```
exam %>% arrange(math, desc(english))
```

⚙ 실습

```
exam <- read.csv("csv_exam.csv") #데이터 불러오기
exam %>% arrange(english) #english 변수 기준 오름차순 정렬
exam %>% arrange(desc(english)) #english 변수 기준 내림차순 정렬
exam %>% arrange(math,desc(english)) # 중첩 정렬

> exam %>% arrange(math,desc(english)) # 중첩 정렬
   id class math english science
1   9     3   20      98      15
2   5     2   25      80      65
3   4     1   30      98      58
4   3     1   45      86      78
5   1     1   50      98      50
6  10     3   50      98      45
7   6     2   50      89      98
8   2     1   60      97      60
9   7     2   80      90      45
10  8     2   90      78      25
> |
```

▲ 중첩 정렬

정렬 중첩을 실행하면 앞에 있는 math 변수를 기준으로 정렬하되, math 변수에 동일한 값이 있을 때는 중첩한 english 변수를 기준으로 내림차순 정렬하는 방식입니다.

③ 데이터 요약하기

데이터를 집단별 평균이나 집단별 빈도처럼 각 집단을 요약할 때는 group_by( ) 함수와 summarise( ) 함수를 이용합니다. 어떤 데이터로 요약할지에 따라 다음 함수를 사용할 수 있습니다.

❶ 합계를 도출하는 summarise( ) 함수

summarise( ) 함수는 앞서 배운 기술 통계 함수와 함께 사용하며, 데이터를 요약합니다

다. 이어서 과학점수(science)의 평균(mean), 중앙값(median), 최솟값(min), 최댓값(max)을 확인하고 요약해보겠습니다.

</> 코드

```
exam <- read.csv( " csv_exam.csv " )
summarise( exam, mean( science ), median( science ), min( science ), max( science ) )
```

⚙ 실습

▲ summarise 함수

별도로 요약한 결과를 저장하기 위한 변수를 설정하기 위해서는 아래와 같이 작성하면 됩니다.

</> 코드

```
summarise( exam, science_mean = mean( science ), science_median=median( science ),
science_min=min( science ), science_max = max( science ) )
```

⚙ 실습

▲ summarise 함수

하지만 코드를 한 번 더 고려해서 생각해보면, 전체 평균을 구하기 위해서 간단히 mean( ) 함수를 사용하거나 앞서 배운 summary( )와 같은 함수를 사용하면 될 것 같은 느낌이 들 수 있습니다. 사실 summarise( )는 단순히 전체를 요약한 값을 구하기보다는 group_by( )와 함께 사용하여 집단별 요약표를 만들 때 용이합니다.

❷ 그룹별 합계를 도출하는 group_by( ) 함수, summarise( ) 함수

단순히 과학점수의 요약 값이 아닌, 각 반별 과학 점수에 대한 평균을 내고 싶다면 어떻게 해야 할까요? 아래 코드를 같이 살펴봅시다.

</> 코드

```
exam%>% group_by(class)%>% summarise(mean_science = mean(science))
```

실습

```
Untitled1* ×
Source on Save Q
  6
  7
  8  exam%>%
  9    group_by(class)%>%
 10    summarise(mean_science = mean(science))
 11  |
 12
 13
11:1  (Top Level)

Console  Terminal ×
C:/Rscript/start_r/
> exam%>%
+   group_by(class)%>%
+   summarise(mean_science = mean(science))
`summarise()` ungrouping output (override with `.groups` argument)
# A tibble: 3 x 2
  class mean_science
  <int>        <dbl>
1     1         61.5
2     2         58.2
3     3         30
> |
```

▲ group_by 함수

앞서 배운 %>%, 파이프 연산을 활용하여 먼저 group_by( )로 각 반을 구분하고, 각 반의 과학 점수 평균을 구해 대입하였습니다. 이처럼, summarise( ) 함수는 group_by( ) 함수와 함께 사용하는 경우가 많으니, 이 점을 잘 익혀두도록 합시다.

❹ 데이터 결합하기

두 개 이상의 데이터 세트를 결합하여 한 개의 데이터 세트로 만드는 과정을 결합(Join)이라고 합니다. 데이터 결합 방식에는 세로 결합과 가로 결합이 있으며, 가로 결합은 다시 세가지로 구분됩니다. 다소 복잡해 보이지만 차근차근 실습하며 배워봅시다.

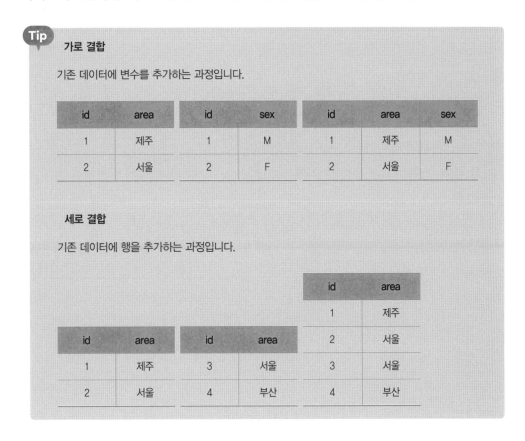

비교적 간단한 세로 결합부터 살펴보겠습니다.

❶ 세로 결합, bind_rows( ) 함수

먼저 두 사람의 출신 지역을 포함한 데이터가 있었고, 새로운 두 사람이 추가되었다고 가정하고 2개의 데이터 프레임을 생성하겠습니다.

◁/▷ 코드

```
group_a <- data.frame(id = c(1,2), area = c(" 제주 ", " 서울 "))
group_a

group_b <- data.frame(id = c(3,4), area = c(" 서울 ", " 부산 "))
group_b
```

❀ 실습

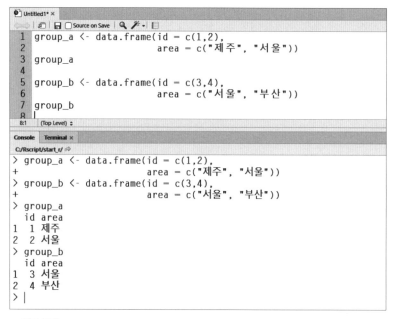

▲ 세로 결합

세로 결합을 해주는 bind_rows( )를 이용하여 데이터를 세로로 합칩니다. 코드를 살펴 봅시다.

◁/▷ 코드

```
group_ab <- bind_rows(group_a, group_b)
group_ab
```

```
Untitled1* ×
     |   | Source on Save | Q. ✗ - |

14
15
16  group_ab <- bind_rows(group_a,group_b)   # 세로결합
17  group_ab
18
23:1   (Top Level) ♦
Console   Terminal ×
C:/Rscript/start_r/
> group_ab <- bind_rows(group_a,group_b)
> group_ab
  id area
1  1 제주
2  2 서울
3  3 서울
4  4 부산
> |
```

▲ 세로 결합

어렵지 않게 데이터를 합쳐보았습니다. 한 가지 주의할 점은 데이터를 세로로 합칠 때는 두 데이터의 변수명이 동일해야 합니다. 만약 변수명이 다르다면 앞서 배운 rename( ) 함수를 이용해 변수명을 맞추고 결합하면 됩니다.

이제 가로 결합을 살펴보도록 하겠습니다.

❷ 가로 결합, left_join( ) 함수, inner_join( ) 함수, full_join( ) 함수

가로 결합은 세로 결합 방식에 비해 복잡합니다. 가로 결합 방식 함수는 다음과 같이 세 가지로 구분될 수 있습니다.

가로 결합 방식 함수	설명
left_join(데이터 세트1, 데이터 세트2, by="변수명"	지정한 변수와 데이터 세트 1을 기준으로 데이터 세트 2에 있는 나머지 변수를 결합
inner_join(데이터 세트1, 데이터 세트2, by="변수명"	데이터 세트 1과 데이터 세트 2에서 기준으로 지정한 변수 값이 동일할 때만 결합(가장 기본적인 형태)
full_join(데이터 세트1, 데이터 세트2, by="변수명"	데이터 세트 1과 데이터 세트 2에서 기준으로 지정한 변수 값 전체를 결합

가로 결합 실습을 위해 먼저 두 사람의 출신 지역을 조사하고 2개월이 지난 뒤 성별을 조사했다고 가정하여 데이터 프레임을 생성해봅시다.

```
exam1 <- data.frame( id = c(1,2), area = c( " 제주 ", " 서울 " ))
exam1

exam2 <- data.frame( id = c(1,2), area = c( " M ", " F " ))
exam2
```

실습

```
Untitled1* ×
    Source on Save    Q    ⚙ ·    
1  exam1 <- data.frame(id = c(1,2),
2                       area =c("제주", "서울"))
3  exam1
4  exam2 <- data.frame(id = c(1,2),
5                       sex =c("M", "F"))
6  exam2
7

7:1   (Top Level) ÷

Console   Terminal ×
C:/Rscript/start_r/
> exam1 <- data.frame(id = c(1,2),
+                      area =c("제주", "서울"))
> exam2 <- data.frame(id = c(1,2),
+                      sex =c("M", "F"))
> exam1
  id area
1  1 제주
2  2 서울
> exam2
  id sex
1  1   M
2  2   F
> |
```

▲ 가로 결합

left_join( ) 함수를 이용하여 두 데이터를 가로로 합쳐보겠습니다. 세로 결합과는 조금
다르게 괄호 안에 결합할 데이터 프레임명을 작성하고, 기준으로 삼을 변수명을 by 옵
션에 지정해야 합니다.

두 데이터를 살펴보면 id는 1과 2로 동일하고 나머지 변수의 값이 추가된 것이므로 by
= "id"로 옵션을 주면 됩니다.

```
exam_total <- left_join( exam1, exam2, by=" id " )
exam_total
```

실습

```
Untitled1* ×
          Source on Save    Q
 9
10
11
12   exam_total <- left_join(exam1,exam2,by="id")
13   exam_total
14   |
14:1   (Top Level)

Console   Terminal ×
C:/Rscript/start_r/
> exam_total <- left_join(exam1,exam2,by="id")
> exam_total
  id area sex
1  1 제주   M
2  2 서울   F
> |
```

▲ 가로 결합

left_jojn( ) 함수는 이처럼 함수를 실행할 때, 데이터 세트 1과 2의 기본 변수로 지정한 변수는 각 데이터 세트에 변수로 포함되어 있어야 합니다.

그렇다면 inner_join( )과 full_join( ) 함수는 어떻게 적용이 될까요?
데이터 세트를 조금 변형하여 남은 두 함수도 적용해보도록 하겠습니다.

코드

```
exam1 <- data.frame( id = c( 1,2,3 ), area = c( " 제주 ", " 서울 "," 부산 " ) )

exam2 <- data.frame( id = c( 1,2 ), area = c( " M ", " F " ) )

exam_total <- inner_join( exam1, exam2, by = " id " )
exam_total

exam_total2 <- full_join( exam1, exam2, by = " id " )
exam_total2
```

```
Untitled1* ×
    Source on Save    Q    ✦ ▾    ☰
  1   exam1 <- data.frame(id = c(1,2,3),
  2                       area =c("제주", "서울","부산"))
  3
  4   exam2 <- data.frame(id = c(1,2),
  5                       sex =c("M", "F"))
  6
  7   exam_total <- inner_join(exam1,exam2,by="id")
  8   exam_total
  9
 10   exam_total2 <- full_join(exam1,exam2,by="id")
 11   exam_total2
12:1    (Top Level) ÷

Console    Terminal ×
C:/Rscript/start_r/
> exam_total
  id area sex
1  1 제주   M
2  2 서울   F
> exam_total2
  id area  sex
1  1 제주    M
2  2 서울    F
3  3 부산  <NA>
> |
```

▲ 가로 결합

exam1 데이터 세트에서 id 변수에 3번 데이터를 집어 넣었습니다. 하지만 exam2 데이터는 id 변수 3번 데이터가 없는 상황입니다. 실행 결과를 살펴보면 inner_join 함수는 ID 변수 값이 동일할 때만 가로로 결합되며, full_join ( ) 함수는 ID 변수를 기준으로 모든 데이터를 가로로 결합되는 것을 확인할 수 있습니다.

5 데이터 추가 및 중복 데이터 제거하기

기존 데이터 세트에서 필요한 열을 새롭게 추가하거나 중복되는 데이터를 제거하고 싶을 때는 mutate( ) 함수와 distinct( ) 함수를 사용할 수 있습니다.

dplyr 패키지는 정말 데이터 가공의 재간둥이라고 할 수 있겠죠?
마지막 과정이므로 조금 더 힘을 내서 살펴봅시다.

❶ 새로운 열 추가, mutate( ) 함수 사용하기

기존 csv_exam.csv 데이터는 2020년 8월에 시험을 본 데이터이고, 업무 효율을 위해 시험을 치른 월을 표시하고 싶다고 가정해봅시다. date라는 변수를 추가하고 일괄적으로 연도와 월별을 표시해보겠습니다.

〈/〉 코드

```
exam<- read.csv( " csv_exam.csv " )
exam

mutate( exam, data=" 2020년 08월 " )
```

⚙ 실습

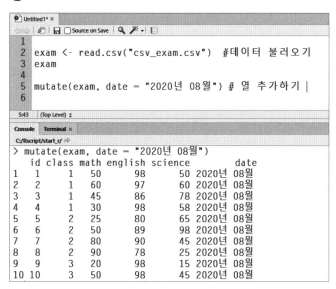

▲ mutate 함수

이번엔 연산자를 활용하여 세 과목의 점수를 모두 합한 총 점수 변수를 만들어 보겠습니다.

코드

```
mutate(exam, total = math+english+science)
```

실습

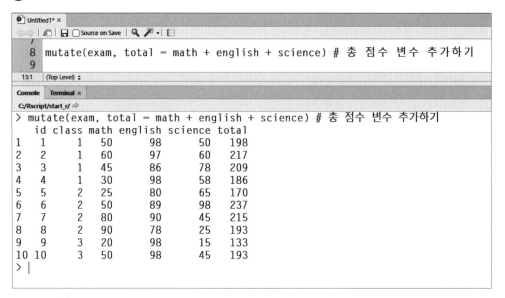

▲ mutate 함수

새로운 total 변수에 세 과목 점수의 합이 들어간 것을 볼 수 있습니다.

❷ 중복 값 제거, distinct( ) 함수 사용하기

이번에는 distinct( ) 함수를 사용하여 위 데이터 세트에서 수학 점수와 영어 점수의 중복 값을 제거해보겠습니다.

코드

```
distinct(exam, math)
distinct(exam, english)
```

실습

```
Untitled1* ×
        Source on Save
11
12
13  distinct(exam, math)    #중복값 제거하기
14  distinct(exam, english) #중복값 제거하기
15
15:1  (Top Level)

Console  Terminal ×
C:/Rscript/start_r/
> distinct(exam, math)    #중복값 제거하기
   math
1    50
2    60
3    45
4    30
5    25
6    80
7    90
8    20
> distinct(exam, english) #중복값 제거하기
   english
1       98
2       97
3       86
4       80
5       89
6       90
7       78
> |
```

▲ distinct함수

위 데이터 세트에서는 중복 값을 제거하는 것이 큰 의미는 없지만, 어떠한 변수 데이터 자체의 분포를 파악하거나 값을 파악하기 위해서 중복 값을 제거하는 것이 중요한 경우도 많으므로, 기본 함수를 배워두는 것은 반드시 필요한 작업입니다.

dplyr 패키지에서 배운 다양한 함수만 확실하게 알아두어도 데이터 가공에 있어서 큰 문제가 없으므로 반드시 여러 번 실습하고 스스로 데이터를 수집하여 연습하는 훈련을 하도록 합시다.

1. dplyr 패키지 주요 함수

dplyr 함수	기능
select( )	변수 (열)추출
filter( )	행 추출
arrange( )	정렬
summarisev	요약
group_by( )	집단별로 나누기
bind_rows( )	데이터 합치기(행), 세로 결합
left_join( )	데이터 합치기(열), 가로 결합
mutate( )	새로운 열 추가
distinct( )	중복 값 제거

2. 파이프 연산자 (%>%)

%)% 연산자는 파이프 연산자(Pipe Operator)라고 하며, dplyr 패키지에 포함된 기능 중 하나입니다. 함수의 결과 값을 별도의 변수에 따로 저장하지 않더라도 파이프를 넘기는 것처럼 연산자를 이용하면 바로 사용할 수 있습니다. 여러 번 실행해야 하는 복잡한 코드를 한 번에 처리할 수 있게 연결해 주어 코드가 간결해지고 가독성이 높아집니다.

3. 가로 결합과 세로 결합

❶ 가로 결합

기존 데이터에 변수를 추가하는 과정입니다.

id	sex
1	M
2	F

id	area
1	제주
2	서울

id	area	sex
1	제주	M
2	서울	F

가로 결합 방식은 3가지로 분류됩니다.

가로 결합 방식 함수	설명
left_join(데이터 세트1, 데이터 세트2, by="변수명"	지정한 변수와 데이터 세트 1을 기준으로 데이터 세트 2에 있는 나머지 변수를 결합
inner_join(데이터 세트1, 데이터 세트2, by="변수명"	데이터 세트 1과 데이터 세트 2에서 기준으로 지정한 변수 값이 동일할 때만 결합(가장 기본적인 형태)
full_join(데이터 세트1, 데이터 세트2, by="변수명"	데이터 세트 1과 데이터 세트 2에서 기준으로 지정한 변수 값 전체를 결합

❷ 세로 결합

기존 데이터에 행을 추가하는 과정입니다.

id	area
1	제주
2	서울
3	서울
4	부산

id	area
1	제주
2	서울

id	area
3	서울
4	부산

세로 결합은 bind_rows( ) 함수를 사용합니다.

SECTION

02

자유롭게 데이터를 변경하는
reshape2 패키지 실습하기

"reshape2 패키지는 데이터를 원하는 형태로 변경할 수 있습니다.
단어 그대로 데이터 분석의 용이함을 위해 're'+'shape'할 수 있습니다.
조금 복잡할 수 있지만, 데이터의 구조에 대해 이해하며 배워보도록 합시다."

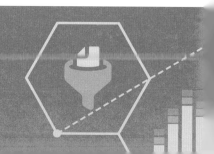

지금까지 살펴 본 데이터들을 이리저리 가공해봤지만, 항상 데이터의 행과 열은 고정적인 자리에 위치해 있었습니다. 이제 reshape2라는 패키지를 활용하여 데이터의 행을 열로, 열을 행으로 변환하는 방법을 배워보도록 하겠습니다.

Point 1 / reshape2 패키지

왜 데이터의 행과 열을 바꿔야 할까요? 데이터의 종류에는 크게 Wide Format과 Long Format이 있습니다. 통상적으로는 속성이 너무 많아서 가로로 쭉 길게 나열하다 보면 가독성이 떨어지는 경우가 많습니다. 아래와 같은 표를 살펴봅시다.

이름	국어	수학	컴퓨터
은지	90	80	100
수린	70	100	50

위와 같은 데이터는 Wide Format입니다. 국어, 수학, 컴퓨터라는 각 속성이 가로로 나열되어 있습니다. 그런데 실제 데이터 분석을 하다 보면, 하나의 행에 하나의 관측치만 보이는 것이 훨씬 편리할 때가 많습니다. 위의 표를 Long Format으로 변환시켜보겠습니다.

이름	과목	점수
은지	국어	90
은지	수학	80
은지	컴퓨터	100
수린	국어	70
수린	수학	100
수린	컴퓨터	50

세 가지의 속성을 따로따로 변수로 구성하지 않고 '과목'이라는 변수에 담아보았습니다. 하지만 무조건 Long Format이 좋다고 단정 지을 수 없습니다. 데이터 분석을 하는 데 있어 각자의 능력치와 견해가 상이하기 때문에, 다양한 기법을 익히고 본인에게 더 적합한 방식을 추구하면 됩니다. reshape2 패키지의 melt( ) 함수와 cast( ) 함수를 사용하여 두 가지 방식으로 모두 전환해보겠습니다.

reshape2 패키지 실습하기

1 melt( ) 함수로 Wide Format → Long Format으로 변환하기

R의 내장 데이터인 mtcars 데이터를 가지고 실습을 해보도록 하겠습니다. mtcars 데이터는 1974년 미국 모터 트렌드 매거진에 실링 32개 자동차에 대해 연료 효율을 비롯한 10여 가지의 특징을 기록한 데이터 세트입니다.

</> 코드

```
mtcars
```

⚙ 실습

```
Untitled1* ×
  🔲  🔲  🔲 □ Source on Save   🔍  🔧 ▾ │ 🔲
1  mtcars
2  |

2:1   (Top Level) ⬦

Console   Terminal ×
C:/Rscript/start_r/
> mtcars
                     mpg cyl  disp  hp drat    wt  qsec vs am gear carb
Mazda RX4           21.0   6 160.0 110 3.90 2.620 16.46  0  1    4    4
Mazda RX4 Wag       21.0   6 160.0 110 3.90 2.875 17.02  0  1    4    4
Datsun 710          22.8   4 108.0  93 3.85 2.320 18.61  1  1    4    1
Hornet 4 Drive      21.4   6 258.0 110 3.08 3.215 19.44  1  0    3    1
Hornet Sportabout   18.7   8 360.0 175 3.15 3.440 17.02  0  0    3    2
Valiant             18.1   6 225.0 105 2.76 3.460 20.22  1  0    3    1
Duster 360          14.3   8 360.0 245 3.21 3.570 15.84  0  0    3    4
Merc 240D           24.4   4 146.7  62 3.69 3.190 20.00  1  0    4    2
Merc 230            22.8   4 140.8  95 3.92 3.150 22.90  1  0    4    2
Merc 280            19.2   6 167.6 123 3.92 3.440 18.30  1  0    4    4
Merc 280C           17.8   6 167.6 123 3.92 3.440 18.90  1  0    4    4
Merc 450SE          16.4   8 275.8 180 3.07 4.070 17.40  0  0    3    3
Merc 450SL          17.3   8 275.8 180 3.07 3.730 17.60  0  0    3    3
Merc 450SLC         15.2   8 275.8 180 3.07 3.780 18.00  0  0    3    3
Cadillac Fleetwood  10.4   8 472.0 205 2.93 5.250 17.98  0  0    3    4
Lincoln Continental 10.4   8 460.0 215 3.00 5.424 17.82  0  0    3    4
Chrysler Imperial   14.7   8 440.0 230 3.23 5.345 17.42  0  0    3    4
Fiat 128            32.4   4  78.7  66 4.08 2.200 19.47  1  1    4    1
Honda Civic         30.4   4  75.7  52 4.93 1.615 18.52  1  1    4    2
Toyota Corolla      33.9   4  71.1  65 4.22 1.835 19.90  1  1    4    1
Toyota Corona       21.5   4 120.1  97 3.70 2.465 20.01  1  0    3    1
Dodge Challenger    15.5   8 318.0 150 2.76 3.520 16.87  0  0    3    2
AMC Javelin         15.2   8 304.0 150 3.15 3.435 17.30  0  0    3    2
Camaro Z28          13.3   8 350.0 245 3.73 3.840 15.41  0  0    3    4
Pontiac Firebird    19.2   8 400.0 175 3.08 3.845 17.05  0  0    3    2
```

▲ reshape2

Wide Format 형태인 본 데이터를 Long Format으로 변환해보겠습니다.

❶ reshape2 패키지 설치 및 로드하기

앞서 배운 dplyr 패키지를 사용해야 하므로 같이 로드하도록 합니다.

</> 코드

```
install.packages( " reshape2 " )
library( reshape2 )
library( dplyr )
```

⚙ 실습

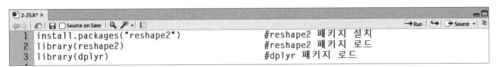

```
2-25.R* ×                                                        ⟶ Run  ⟶  ⟶ Source ▾
   🔍 ☐ Source on Save  🔍 ✖ ▾ ▤
 1  install.packages("reshape2")          #reshape2 패키지 설치
 2  library(reshape2)                     #reshape2 패키지 로드
 3  library(dplyr)                        #dplyr 패키지 로드
```

▲ reshape2

❷ View( ) 함수로 mtcars 데이터 세트 확인하기

</> 코드

```
View( mtcars )
```

⚙ 실습

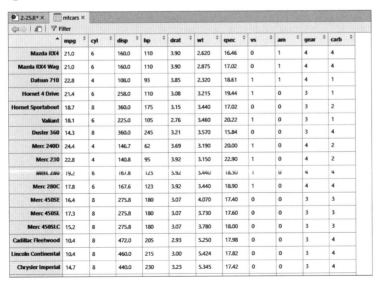

	mpg	cyl	disp	hp	drat	wt	qsec	vs	am	gear	carb
Mazda RX4	21.0	6	160.0	110	3.90	2.620	16.46	0	1	4	4
Mazda RX4 Wag	21.0	6	160.0	110	3.90	2.875	17.02	0	1	4	4
Datsun 710	22.8	4	108.0	93	3.85	2.320	18.61	1	1	4	1
Hornet 4 Drive	21.4	6	258.0	110	3.08	3.215	19.44	1	0	3	1
Hornet Sportabout	18.7	8	360.0	175	3.15	3.440	17.02	0	0	3	2
Valiant	18.1	6	225.0	105	2.76	3.460	20.22	1	0	3	1
Duster 360	14.3	8	360.0	245	3.21	3.570	15.84	0	0	3	4
Merc 240D	24.4	4	146.7	62	3.69	3.190	20.00	1	0	4	2
Merc 230	22.8	4	140.8	95	3.92	3.150	22.90	1	0	4	2
Merc 280	19.2	6	167.8	123	3.92	3.440	16.90	1	0	4	4
Merc 280C	17.8	6	167.6	123	3.92	3.440	18.90	1	0	4	4
Merc 450SE	16.4	8	275.8	180	3.07	4.070	17.40	0	0	3	3
Merc 450SL	17.3	8	275.8	180	3.07	3.730	17.60	0	0	3	3
Merc 450SLC	15.2	8	275.8	180	3.07	3.780	18.00	0	0	3	3
Cadillac Fleetwood	10.4	8	472.0	205	2.93	5.250	17.98	0	0	3	4
Lincoln Continental	10.4	8	460.0	215	3.00	5.424	17.82	0	0	3	4
Chrysler Imperial	14.7	8	440.0	230	3.23	5.345	17.42	0	0	3	4

▲ reshape2

mtcars의 변수가 mpg~carb까지 존재하지만, 차종에 대한 구분 변수는 나와있지 않습니다. 앞서 배운 dplyr 패키지의 mutate( ) 함수를 사용하여 id 변수를 만들고 1부터 32까지 순서대로 값을 넣어보도록 하겠습니다.

</> 코드

```
exam <- mtcars
exam1 <- mutate(exam, id = 1:32)
head(exam1)
```

⬤ 실습

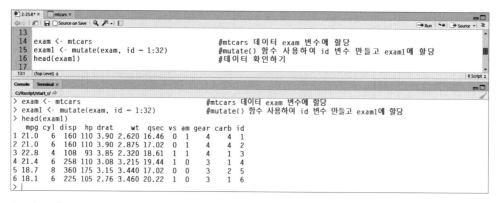

▲ reshape2

id 변수가 생성된 것을 확인할 수 있습니다.

❸ melt( ) 함수로 Wide Format → Long Format으로 변환하기

melt( ) 함수를 통해 데이터를 Long Format으로 바꿔보고, 데이터를 확인해보겠습니다. melt 함수는 데이터 세트 옆에 id.vars 옵션으로 기준 열을 잡을 수 있습니다. id 변수는 구분자 역할을 하므로 변환하지 않고 그대로 두었습니다.

str( ), head( ), tali( ) 함수를 확인하여 바뀐 데이터 구조를 파악해봅니다.

```
exam_melt <- melt(exam1, id.vars = "id")

str(exam_melt)
head(exam_melt)
tail(exam_melt)
```

실습

```
19
20  exam_melt <- melt(exam1, id.vars = "id")        #melt() 함수 사용하기
21
22  str(exam_melt)                                  #데이터 속성 파악하기
23  head(exam_melt)                                 #데이터 세트 확인하기
24  tail(exam_melt)                                 #데이터 세트 확인하기
25
```

```
> exam_melt <- melt(exam1, id.vars = "id")        #melt() 함수 사용하기
> str(exam_melt)                                  #데이터 속성 파악하기
'data.frame':    352 obs. of  3 variables:
 $ id      : int  1 2 3 4 5 6 7 8 9 10 ...
 $ variable: Factor w/ 11 levels "mpg","cyl","disp",..: 1 1 1 1 1 1 1 1 1 1 ...
 $ value   : num  21 21 22.8 21.4 18.7 18.1 14.3 24.4 22.8 19.2 ...
> head(exam_melt)                                 #데이터 세트 확인하기
  id variable value
1  1      mpg  21.0
2  2      mpg  21.0
3  3      mpg  22.8
4  4      mpg  21.4
5  5      mpg  18.7
6  6      mpg  18.1
> tail(exam_melt)                                 #데이터 세트 확인하기
     id variable value
347  27     carb     2
348  28     carb     2
349  29     carb     4
350  30     carb     6
351  31     carb     8
352  32     carb     2
> |
```

▲ reshape2

melt() 함수 이름에서도 말해 주듯이 Wide Format의 많은 변수를 녹여서 행으로 만들어 준 것과 같다고 이해하면 좋습니다.

Tip 기준 열을 설정하지 않고 모든 열을 반환하면 'No id variables; using all as measure variables'와 같은 문구가 나오고 실행됩니다.

② cast( ) 함수로 Long Format → Wide Format으로 변환하기

이제 세로로 길게 늘어진 Long Format 데이터를 가로로 변환해보도록 하겠습니다. melt( ) 함수에 비해 조금 유의할 점이 있으므로 꼼꼼하게 살펴보도록 하겠습니다.

앞에서 배운 help( ) 함수를 활용하여 cast( ) 함수를 검색해보겠습니다. Help 창에서 직접 입력해도 됩니다.

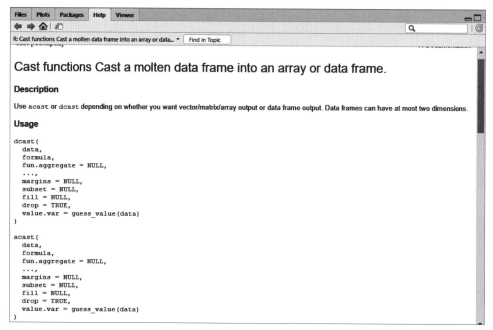

▲ reshape2

도움말을 살펴보면, Usage 항목에 2가지 경우가 나옵니다. 하나의 함수이지만 데이터 구조에 따라서 acast( ) 함수와 dcast( ) 함수로 나누어집니다. 두 함수의 역할은 똑같지만 반환되는 데이터 타입이 달라집니다.

acast( )	벡터, 행렬, 배열 형태를 변환
dcast( )	데이터 프레임 형태를 변환

두 함수를 각각 상황에 맞게 사용해보겠습니다.

❶ dcast( ) 함수 사용하기

melt( ) 함수를 실습할 때 사용했던 데이터에 이어 계속 실습해보도록 하겠습니다. dcast( ) 함수는 dcast(데이터 세트, 기준 열~반환열)의 구조를 가지고 있습니다. 기준 열은 변환하지 않는 값이며, 반환열은 반환열의 속성들을 다시 Long Format 형식으로 변환해줍니다.

</> 코드

```
exam_dcast <- dcast(exam_melt, id~variable)
exam_dcast
```

⦿ 실습

```
2-25.R* ×    mtcars ×
         |  Source on Save |  Q   -  |
27
28
29   exam_dcast <- dcast(exam_melt, id~variable) #dcast() 함수 사용하기
30   exam_dcast
31
30:11  (Top Level) ¢

Console   Terminal ×
C:/Rscript/start_r/
> exam_dcast <- dcast(exam_melt, id~variable) #dcast() 함수 사용하기
> exam_dcast
   id  mpg cyl  disp  hp drat    wt  qsec vs am gear carb
1   1 21.0   6 160.0 110 3.90 2.620 16.46  0  1    4    4
2   2 21.0   6 160.0 110 3.90 2.875 17.02  0  1    4    4
3   3 22.8   4 108.0  93 3.85 2.320 18.61  1  1    4    1
4   4 21.4   6 258.0 110 3.08 3.215 19.44  1  0    3    1
5   5 18.7   8 360.0 175 3.15 3.440 17.02  0  0    3    2
6   6 18.1   6 225.0 105 2.76 3.460 20.22  1  0    3    1
7   7 14.3   8 360.0 245 3.21 3.570 15.84  0  0    3    4
8   8 24.4   4 146.7  62 3.69 3.190 20.00  1  0    4    2
9   9 22.8   4 140.8  95 3.92 3.150 22.90  1  0    4    2
10 10 19.2   6 167.6 123 3.92 3.440 18.30  1  0    4    4
11 11 17.8   6 167.6 123 3.92 3.440 18.90  1  0    4    4
12 12 16.4   8 275.8 180 3.07 4.070 17.40  0  0    3    3
13 13 17.3   8 275.8 180 3.07 3.730 17.60  0  0    3    3
14 14 15.2   8 275.8 180 3.07 3.780 18.00  0  0    3    3
15 15 10.4   8 472.0 205 2.93 5.250 17.98  0  0    3    4
16 16 10.4   8 460.0 215 3.00 5.424 17.82  0  0    3    4
17 17 14.7   8 440.0 230 3.23 5.345 17.42  0  0    3    4
18 18 32.4   4  78.7  66 4.08 2.200 19.47  1  1    4    1
19 19 30.4   4  75.7  52 4.93 1.615 18.52  1  1    4    2
20 20 33.9   4  71.1  65 4.22 1.835 19.90  1  1    4    1
21 21 21.5   4 120.1  97 3.70 2.465 20.01  1  0    3    1
22 22 15.5   8 318.0 150 2.76 3.520 16.87  0  0    3    2
23 23 15.2   8 304.0 150 3.15 3.435 17.30  0  0    3    2
24 24 13.3   8 350.0 245 3.73 3.840 15.41  0  0    3    4
25 25 19.2   8 400.0 175 3.08 3.845 17.05  0  0    3    2
```

▲ reshape2

❷ acast( ) 함수 사용하기

이번에는 acast( ) 함수를 사용해보겠습니다. 바로 앞의 실습에서 생성한 exam_melt 데이터 세트를 이용하겠습니다. acast( ) 함수는 이해를 돕기 위해 설명 후 코드를 작성해보도록 하겠습니다.

acast( ) 함수의 사용 형식은 다음과 같습니다.
acast(데이터 세트, 기준 열~변환 열~분리 기준 열)

열에 대한 구분을 잘 잡아야 acast를 잘 사용할 수 있습니다.
표를 통해서 살펴보도록 하겠습니다.

[분리기준 열(mpg)]

열(year) 기준 열(id)	변환	
	2020	2021
1	21	22
2	21	22
3	22.8	23.8

acast( )는 데이터 세트를 리스트로 정리하여 항목별로 한눈에 비교하기 수월합니다.

즉 변수 중 mpg라는 변수의 2020년과 2021년에 해당하는 id별 데이터가 필요하다고 가정합시다. 기준 열(id)은 아무리 몇 년이 흘러도 바뀌지 않습니다. 하지만 변환 열 (year)은 해가 거듭할수록 바뀌게 되고, 분리 기준 열(mpg)도 변수의 값만 바뀌겠지만, mpg 자체의 기준이 되는 사실은 바뀌지 않습니다.

다소 복잡해 보이지만 실제로 우리는 위와 같은 데이터를 많이 봐왔던 경험이 있을 것입니다. mpg 변수만 연도별 수치를 보고 싶을 때 또는 변수 별로 데이터를 파악하고 싶을 때 acast( ) 함수를 사용합니다.

실제 코드를 작성하여 데이터를 살펴보도록 하겠습니다.

이전에 생성했던 exam_melt 데이터 세트를 View( ) 함수를 통해 다시 확인해보겠습니다.

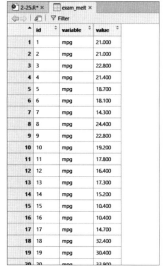

▲ reshape2

exam_melt 데이터 세트에는 변환 열로 사용할 변수가 없으므로 mutate( ) 함수를 사용하여 year 변수를 생성하겠습니다.

코드

```
exam_melt2 <- mutate(exam_melt, year = "2020")
exam_melt2
```

실습

```
37
38
39
40    exam_melt2 <- mutate(exam_melt, year = "2020")          #exam_melt 데이터 세트에 변수 추가하기
41    exam_melt2                                              #데이터 세트 확인
45:1    (Top Level) ÷

Console    Terminal ×
C:/Rscript/start_r/
> exam_melt2 <- mutate(exam_melt, year = "2020")          #exam_melt 데이터 세트에 변수 추가하기
> exam_melt2                                              #데이터 세트 확인
   id variable   value year
1   1      mpg  21.000 2020
2   2      mpg  21.000 2020
3   3      mpg  22.800 2020
4   4      mpg  21.400 2020
5   5      mpg  18.700 2020
6   6      mpg  18.100 2020
7   7      mpg  14.300 2020
8   8      mpg  24.400 2020
9   9      mpg  22.800 2020
```

▲ reshape2

year 변수가 생성되었습니다. 이제 acast( ) 함수를 사용하여 리스트화 해보겠습니다.

</> 코드

```
exam_acast <- acast(exam_melt2, id ~ year ~ variable)
exam_acast
```

실습

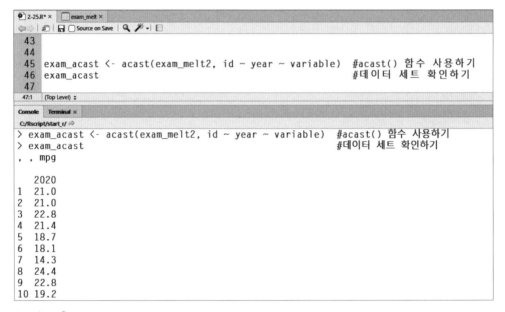

▲ reshape2

2020년 기준, mpg 변수만 따로 구분해서 확인할 수 있습니다.

acast( ) 함수와 dcast( ) 함수는 같은 cast( ) 함수이지만, 적용하는 값도 생성되는 값도 다르므로 조금 더 주의 깊게 여러 번 실습하여 익숙해지도록 연습해봅시다.

1. 데이터의 종류 Wide Format vs Long Format

왜 데이터의 행과 열을 바꿔야 할까요? 데이터의 종류에는 크게 Wide Format과 Long Format이 있습니다. 통상적으로는 속성이 너무 많아서 가로로 쭉 길게 나열하다 보면 가독성이 떨어지는 경우가 많습니다.

❶ Wide Format

이름	국어	수학	컴퓨터
은지	90	80	100
수린	70	100	50

❷ Long Format

이름	과목	점수
은지	국어	90
은지	수학	80
은지	컴퓨터	100
수린	국어	70
수린	수학	100
수린	컴퓨터	50

2. reshape2 패키지의 주요 함수

reshape2 함수	기능
melt( )	Wide Format → Long Format
cast( )	Long Format → Wide Format
acast( )	벡터, 행렬, 배열 형태를 변환
dcast( )	데이터 프레임 형태를 변환

SECTION

03

데이터 시각화,
ggplot2 패키지 실습하기

'보기 좋은 떡이 먹기도 좋다.'라는 속담이 있습니다.

같은 내용이라도 한 눈에 파악할 수 있는 그래프와 이미지는 분석과 설득의 효용을 높이고,

텍스트만으로 읽어내지 못한 또 다른 통찰력을 제공하기도 합니다.

R 데이터 시각화의 가장 인기 많은 ggplot2 패키지에 대해서 배워보도록 합시다.”

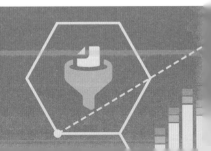

데이터를 아무리 잘 가공하여도 데이터 프레임 형식으로 파악하는 것과 한 눈에 알아 볼 수 있는 그래프로 파악하는 것은 차이가 분명합니다. 즉 시각화는 데이터 분석의 꽃이라 할 수 있으며, 다소 복잡해 보이는 데이터를 이미지화하여 새로운 통찰력을 얻기도 하고, 누구나 쉽게 파악할 수 있도록 표현할 수도 있습니다.

R의 패키지 중 gg− 시리즈는 많은 데이터 분석가가 애용하고 있는 패키지입니다. 다양한 그래프를 그릴 수 있는 ggplot2 패키지, 여기에 더해 구글 차트를 활용할 수 있는 googleVis 패키지, 단계 구분도를 그릴 수 있는 ggiraphExtra 등 정말 다양한 시각화 패키지가 있습니다.

본 장에서는 ggplot2에 초점을 두어 다양한 그래프를 그려보겠습니다.

Point 1 / ggplot2 패키지

ggplot2 패키지는 데이터 시각화를 위한 1순위 패키지입니다. 구글에 ggplot2 패키지를 검색하면 다양한 그래프를 확인할 수 있습니다.

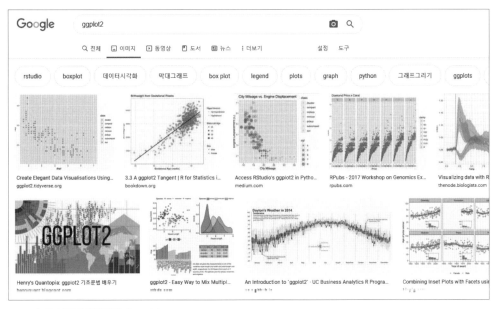

▲ ggplot2 이미지 예시(출처: Google)

PART 02에서 변수 간의 관계를 점으로 표현하는 산점도를 ggplot2를 활용해서 그려보았습니다. 본 장에서는 그보다 심화된 내용들을 다루고 다양한 그래프를 그려보도록 하겠습니다.

ggplot2 패키지 실습하기

1 ggplot2 패키지 설치 그리고 기본 배경 만들기

ggplot2 패키지를 설치하고 로드하겠습니다. 이전에 실습을 수행했다면 로드만 수행합니다.

</> 코드

```
install.packages("ggplot2")
library(ggplot2)
```

실습

```
Untitled1* ×
         Source on Save   Q   ✳ -
1  install.packages("ggplot2")      #패키지 설치
2  library(ggplot2)                 #패키지 로드
3
4
```

▲ ggplot2

앞서 설명한 것처럼 ggplot2는 레이어를 쌓는 구조로 이루어져 있습니다. 먼저 그래프를 그릴 수 있는 배경을 만들고 그 위에 원하는 그래프를 그려, 다시 그 위에 다양한 옵션을 줄 수 있습니다.

일단 R의 내장 데이터인 mtcars 데이터 세트를 가지고 기본 배경을 만들어보겠습니다. ggplot(데이터 세트, aes(축 지정)) 함수를 가지고 다음과 같이 코드를 작성합니다.

</> 코드

```
ggplot(mtcars, aes(x = mpg, y=cyl))
```

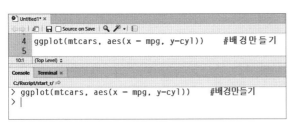

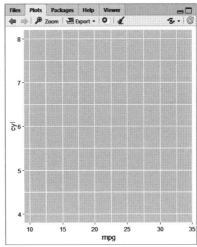

▲ ggplot2

▲ ggplot2

이제 이 배경을 가지고 다양한 그래프를 그리는 연습을 해보겠습니다.

② 산점도 그리기

산점도는 두 변수의 관계를 점으로 표현하는 그래프입니다. 이전에 실습을 이미 해 보았으므로 익숙할 것입니다. geom_point( ) 함수를 이용해서 산점도를 그린 후 옵션까지 수행해 보겠습니다.

〈/〉코드

```
ggplot(mtcars, aes(x = mpg, y=cyl))+geom_point(size=2, color="blue")
```

●실습

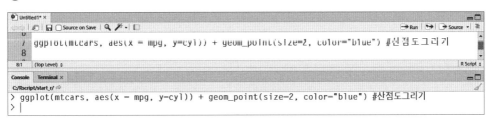

▲ ggplot2

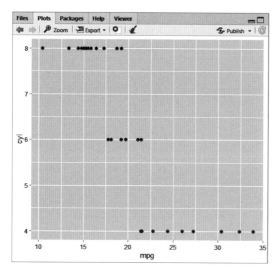

▲ ggplot2

점의 크기와 색깔 옵션을 주어 조금 더 가독성 있는 산점도 그래프를 완성하였습니다. 연비가 일정 단위 만큼 높아질수록 실린더의 개수는 낮아지는 것을 한 눈에 확인할 수 있습니다.

③ 막대그래프와 히스토그램 그리기

앞서 막대그래프와 히스토그램도 R의 기본 함수인 barplot( ) 함수와 hist( ) 함수를 이용해 그려보았습니다. 막대그래프는 범주형 데이터, 히스토그램은 연속형 데이터를 취급한다는 것을 다시 한번 상기하고 이번에는 ggplot2( ) 그래프를 통해서 그려보겠습니다.

산점도는 aes( ) 함수를 사용하여 x축과 y축을 모두 지정했지만, 빈도를 그리는 막대그래프에서는 x축만 지정하면 됩니다.

이번에는 mtcars 데이터 세트에서 cyl 변수를 가지고 종류별 빈도수를 그려보겠습니다.

다음과 같이 코드를 작성해봅시다.

◀/▶ 코드

```
ggplot(mtcars, aes(x = cyl))+geom_bar( )
```

실습

```
10
11  ggplot(mtcars, aes(x = cyl)) + geom_bar () #막대그래프 그리기
12
```

```
> ggplot(mtcars, aes(x = cyl)) + geom_bar () #막대그래프 그리기
> |
```

▲ ggplot2

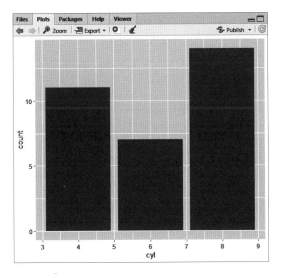

▲ ggplot2

width 옵션을 주어 막대 두께를 지정할 수 있습니다.

코드

```
ggplot(mtcars, aes(x = cyl))+geom_bar (width = 0.3)
```

```
  10
  11  ggplot(mtcars, aes(x = cyl)) + geom_bar () #막대그래프 그리기
  12  ggplot(mtcars, aes(x = cyl)) + geom_bar (width = 0.3) #막대그래프 그리기
  13
```

```
Console   Terminal ×
C:/Rscript/start_r/
> ggplot(mtcars, aes(x = cyl)) + geom_bar (width = 0.3) #막대그래프 그리기
> |
```

▲ ggplot2

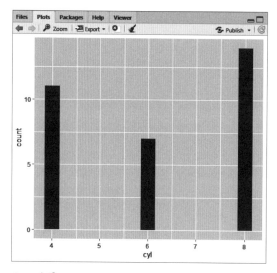

▲ ggplot2

이번엔 mpg 변수를 가지고 히스토그램을 그려보겠습니다.

geom_histogram( ) 함수를 사용합니다.

</>코드

```
ggplot(mtcars, aes(x = mpg ))+geom_histogram( )
```

```
Untitled1* ×
        | Source on Save |  Q  🔧 ▾ | 🔲
14
15  ggplot(mtcars, aes(x = mpg)) + geom_histogram() #히스토그램 그리기
16  |
16:1   (Top Level) ÷
```

```
Console   Terminal ×
C:/Rscript/start_r/
> ggplot(mtcars, aes(x = mpg)) + geom_histogram() #히스토그램 그리기
`stat_bin()` using `bins = 30`. Pick better value with `binwidth`.
> |
```

▲ ggplot2

실행 결과에서 나타나는 알림 메시지는 그래프의 폭이 넓어 기본 값의 30%로 조정했다는 내용입니다.

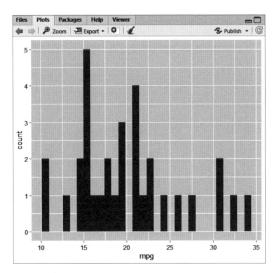

▲ ggplot2

④ 상자 그래프 그리기

데이터의 분포를 파악하고 이상치를 한 눈에 확인할 수 있는 상자 그래프도 앞서 그려본 기본 함수인 boxplot( ) 함수 이외에 ggplot2 패키지를 통해 그릴 수 있습니다.

이번에는 airquality라는 R의 내장 데이터를 사용해보겠습니다. airquality는 1973년 5월 뉴욕의 일별 공기 질을 측정한 자료입니다.

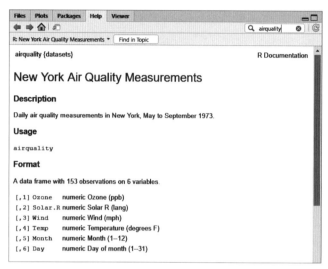

▲ ggplot2

Day 변수와 Temp 변수를 사용하여 일자별로 온도 분포를 확인해보겠습니다.
다음과 같이 코드를 작성합니다.

</> 코드

```
ggplot(airquality, aes(x = Day, y = Temp, group = Day))+geom_boxplot( )
```

☼ 실습

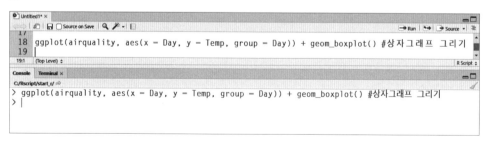

▲ ggplot2

aes( ) 함수 내에 box로 그룹을 지을 열을 설정해야 합니다. 일자별 온도 분포를 확인하는 것이므로 group=Day 옵션을 작성합니다.

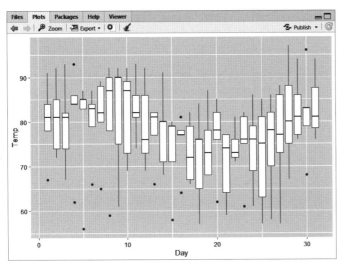

▲ ggplot2

데이터의 분포와 이상치들을 확인할 수 있습니다.

⑤ 꺾은선 그래프 그리기

꺾은선 그래프는 두 변수의 관계를 산점도에서 나타내는 점뿐만 아니라 그 점을 순차대로 이어 선으로 표현한 시각화 자료입니다. 선으로 표현함으로써 변화를 관찰하기 쉽다는 장점이 있습니다.

계속해서 airquality 데이터 세트를 가지고 일자별 온도에 대한 꺾은선 그래프를 그려보겠습니다.
다음과 같이 코드를 작성합니다.

⟨/⟩ 코드

```
ggplot(airquality, aes(x = Day, y = Temp))+geom_line( )
```

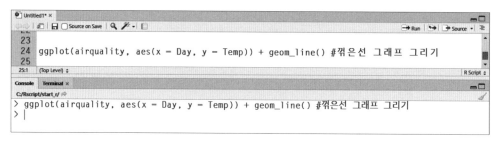

▲ ggplot2

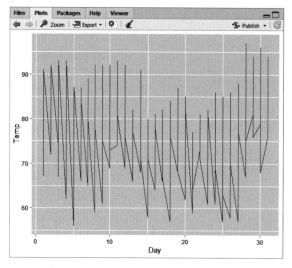

▲ ggplot2

6 옵션을 주어 더욱 풍성한 그래프 그리기

더욱더 그래프의 특성을 쉽게 파악할 수 있도록 그래프에 제목을 추가하고 각 축의 이름을
변경하겠습니다.

코드

```
ggplot(airquality, aes(x = Day, y = Temp))+geom_line( )+labs(x=" 일자 ",
y=" 온도 ", title = " 1973.05_뉴욕의 일자별 온도 ")
```

```
28
29  ggplot(airquality, aes(x = Day, y = Temp)) + geom_line()+
30    labs(x = "일자", y="온도", title = "1973.05_뉴욕의 일자별 온도") #옵션주기
31
```

```
> ggplot(airquality, aes(x = Day, y = Temp)) + geom_line()+
+   labs(x = "일자", y="온도", title = "1973.05_뉴욕의 일자별 온도") #옵션주기
> |
```

▲ ggplot2

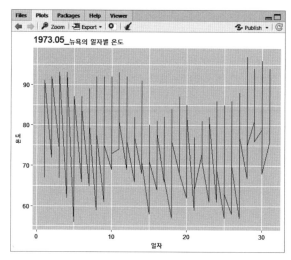

▲ ggplot2

ggplot2 패키지를 활용해 원하는 그래프 대부분을 표현할 수 있습니다. 추후 실습하는 다양한 데이터들을 통해서도 스스로 그래프를 그려보는 연습을 하도록 합시다.

1. ggplot2 패키지

ggplot2 패키지는 레이어를 쌓는 구조로 되어있습니다. 먼저 그래프를 그릴 수 있는 배경을 만들고 그 위에 데이터의 속성과 분석 목적에 따라 원하는 그래프를 그려내면 됩니다. 또한 맨 위에는 다양한 옵션을 주어 그래프의 가독성을 높일 수 있습니다.

2. ggplot2 패키지의 주요 함수

ggplot2 함수	기능
ggplot( )	배경 생성
aes( )	축 설정
geom_point( )	산점도 그리기
geom_bar( )	막대그래프 그리기
geom_histogram( )	히스토그램 그리기
geom_boxplot( )	상자 그래프 그리기
geom_line( )	꺾은선 그래프 그리기

SECTION

04

전문가로 나아가는 길,
통계 분석 기법 실습하기

"지금까지 데이터 분석의 기본이자 기틀인
데이터에 대한 이해와 수집, 가공, 시각화에 대해 배웠습니다.
이제 조금 더 나아가 통계 분석 기법을 통해 데이터를 분석해보도록 하겠습니다.
데이터의 분석은 데이터 간의 의미를 발견하고 가설을 검정하는 단계로써
추론 통계의 다양한 검정 방법을 사용할 수 있습니다."

PART 02에서 데이터 분석과 통계 분석 함수의 관련성에 대해 공부하고, summary( ) 함수와 같은 통계 분석 함수 실습을 진행해보았습니다. 즉 이전 시간에는 통계 분석 중 기술 통계에 초점을 두어 배워 보았습니다.

 Tip 통계 분석은 기술 통계와 추론 통계로 나눌 수 있습니다. 잘 기억나지 않는다면 PART 02의 Section 5를 참고하세요.

이번에는 조금 더 심화된 내용으로 추론 통계와 통계적 가설을 검정하는 대표적인 두 가지 방식인 상관분석과 t검정에 대해서 학습하도록 하겠습니다.

Point 1 / 추론 통계와 통계적 가설 검정

추론 통계는 단순히 데이터를 객관적으로 파악하고 요약하는 기술 통계 분석을 넘어 어떤 값이 발생할 확률을 계산합니다. 만약 '연령대에 따라 사는 지역에 차이가 있다'라는 데이터 분석 결과 값을 발견했을 때, 이런 차이가 우연히 발생할 확률을 계산합니다. 만약 이런 차이가 우연히 나타날 확률이 적다면(즉 상관관계가 높다면) 연령대에 따른 지역 차이가 통계적으로 유의하다고 결론을 내립니다. 반대로 이런 차이가 우연히 나타날 확률이 크다면(즉 상관관계가 낮다면) 통계적으로 유의하지 않다고 결론 내립니다.

우리는 통계 분석을 기술 통계와 추론 통계로 구분하였지만, 일반적으로 통계 분석이라 함은 이러한 추론 통계를 통해 데이터 간의 의미를 발견하고 가설을 검정했다는 의미입니다.

기술 통계 분석에서는 연령대별 차이가 있다는 것으로 나타났어도, 이는 우연에 의한 차이일 수 있습니다. 즉 데이터 분석의 신뢰를 위해서는 유의확률을 계산하여 통계적 가설 검정을 수행해야 합니다.

'유의하다'라는 것은 무엇을 의미할까요? '유의확률(Significance Probability, p-value)'은 실제로는 집단 간 차이가 없는데 우연히 차이가 있는 데이터가 추출될 확률을 의미합니다. 즉 유의확률이 클수록 집단 간 차이가 우연에 의해 발생할 확률이 크므로 그 차이가 통계적으로 유의하지 않은 것이며, 유의확률이 작으면 집단 간 차이가 우연에 의해 발생할 확률이 적으므로 그 차이가 통계적으로 유의하다, 즉 우연이라고 보기 힘들다라는 의미입니다.

이제 순서대로 변수 간의 연관성을 확인하는 상관분석과 집단 간 평균을 비교하는 t검정을 배워보도록 하겠습니다.

① 변수 간의 연관성을 확인하는 상관분석(Correlation Analysis)

상관분석은 말 그대로 두 개의 연속형 변수가 서로 상관관계에 있느냐, 즉 영향을 주는 관계인지 분석하는 기법입니다.

예를 들어 나이와 연봉이 상관관계가 있는지 파악하려면 나이와 연봉 모두 연속형 변수이므로 상관분석이 가능합니다. 상관분석을 통해 도출한 상관계수(Correlation Coefficient)로 두 변수가 얼마나 관련되어 있는지, 관련성의 정도를 파악할 수 있습니다.

상관계수는 −1~0~1 사이의 값을 지니고 1(양의 상관관계)에 가까울수록 관련성이 높고, 0에 가까울수록 두 변수 간 상관관계가 없다는 의미입니다. −1(음의 상관관계)이라면 반비례 관계임을 의미합니다.

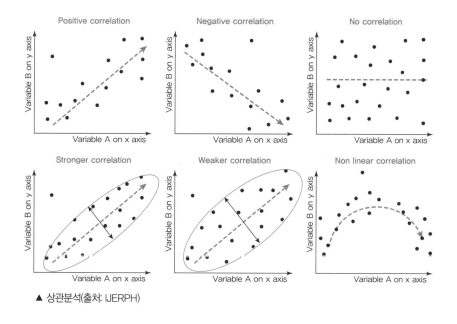

▲ 상관분석(출처: IJERPH)

또한, 강한 상관관계를 가질수록 데이터의 분포가 밀집되어 날씬한 형태로 표현됩니다. 실제 cor.test( ) 함수를 사용하여 상관분석 실습을 수행하도록 하겠습니다.

상관 분석에서는 cor.test(변수 1, 변수 2) 함수를 사용합니다.

앞서 사용했던 mtcars의 mpg(연비) 변수와 cyl(실린더 개수) 변수 간의 상관관계를 분석해보겠습니다.

‹/› 코드

```
cor.test(mtcars$mpg, mtcars$cyl)
```

⚙ 실습

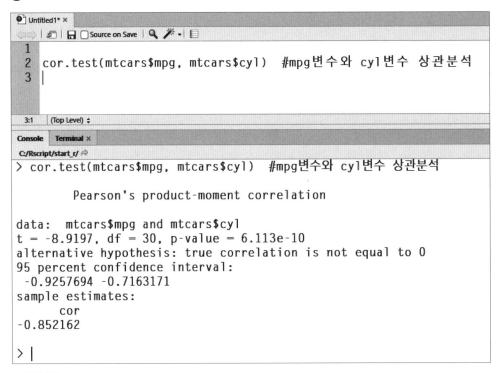

▲ 상관분석 1

mtcars는 내장 데이터이므로 바로 상관분석을 실시했습니다.

일단 유의 깊게 봐야 하는 2가지 항목이 있습니다.

❶ **p-value 값으로 통계적 유의성 파악하기**

실행 결과에서 두 변수 간 상관관계가 통계적으로 의미가 있는지 판단하는 검증 통계량은 p-value입니다. 일반적으로 p-value 값이 0.05보다 작으면 '유의미하다', 즉 '우연으로 발생할 확률이 적다'로 해석합니다.

p-value가 = 6.113e-10 이렇게 표시되어 있습니다. 이렇게 잘 모르는 수치 표현이 나왔다 하더라고 당황하지 않고 포털 사이트에 검색해봅시다.

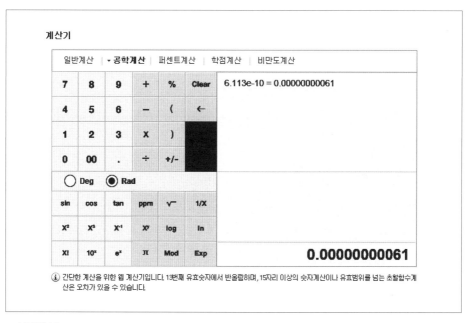

▲ 상관분석 2

p-value 값이 0.00000000061로 0.05보다 훨씬 작으므로 통계적으로 충분히 유의미한 결과라고 이해할 수 있습니다.

❷ 상관계수 값으로 상관관계 파악하기

그럼 이번에는 두 변수 간의 상관관계를 살펴봅시다.

cor 계수를 살펴보면 −0.852162로 음의 상관관계를 가지고 있다는 걸 알 수 있습니다. 정리하자면 연비가 높을수록 실린더의 개수가 적고, 실린더의 개수가 많을수록 연비가 좋지 않다고 해석할 수 있습니다. 실제로 해보면 상관분석도 크게 어렵지 않다는 것을 알 수 있습니다.

② 집단 간 평균을 비교하는 t검정

t검정은 두 집단의 평균에 차이가 있는지 알아보는 통계 분석 기법입니다.

예를 들어, 1반과 2반의 수학 점수의 어떤 차이가 있는지 알아보기 위해 t검정을 사용할 수 있습니다.

t검정에는 t.test(data=데이터 세트, 변수2~변수1, var.equal=T) 함수를 사용합니다.

t검정은 변수2와 변수1의 위치를 잘 파악해야 합니다. 변수2 위치는 그룹 간 평균을 구할 수 있는 변수, 위 예시에서는 수학 점수입니다. 변수1의 위치는 비교하고자 하는 두 그룹으로 나뉜 변수가 와야 합니다.

var.equal=T 옵션은 비교할 두 집단 간의 분산이 동일하다는 가정을 전제로 하는 것입니다. 분산은 데이터 값이 뭉쳐있느냐, 퍼져있느냐를 판단하는 지표이며, 두 집단 간의 분산이 다르다면 (var.equal=F), p-value를 구하는 값이 달라지므로 일단 여기에선 분산이 같다는 전제하에 T로 진행하겠습니다.

필자가 제공한 excel_exam2.xlsx를 다운로드하고, 오래간만에 엑셀 파일을 불러와보겠습니다.

readxl 패키지를 로드하고, 불러온 데이터 세트를 확인해봅니다.

```
library(readxl)
exam <- read_excel( " excel_exam2.xlsx " )
exam
```

실습

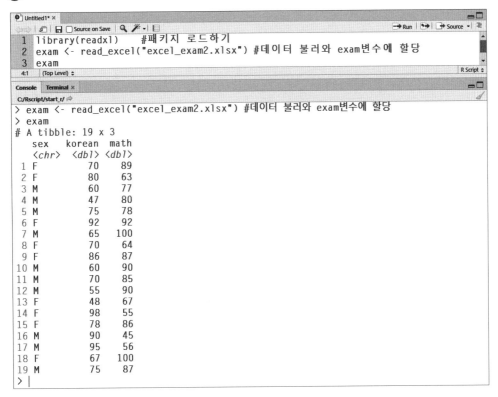

▲ t검정 1

데이터를 파악해보면 여성과 남성의 국어 점수와 수학 점수가 무작위로 작성되어 있습니다.
이제 이 데이터를 가지고 성별에 따라 국어 점수와 수학 점수가 차이가 나는지 t검정을 해보겠
습니다.

```
t.test(data=exam, korean ~ sex, var.equal =T)
t.test(data=exam, math ~ sex, var.equal =T)
```

실습

```
Untitled1* ×
Source on Save   Q
 4
 5
 6  t.test(data=exam, korean ~ sex, var.equal=T) # t검정
 7  t.test(data=exam, math ~ sex, var.equal=T) # t검정
8:1   (Top Level) ÷

Console   Terminal ×
C:/Rscript/start_r/
> t.test(data=exam, korean ~ sex, var.equal=T) # t검정

        Two Sample t-test

data:  korean by sex
t = 1.0649, df = 17, p-value = 0.3018
alternative hypothesis: true difference in means is not equal to 0
95 percent confidence interval:
 -7.217285 21.928396
sample estimates:
mean in group F mean in group M
      76.55556        69.20000

> t.test(data=exam, math ~ sex, var.equal=T) # t검정

        Two Sample t-test

data:  math by sex
t = -0.092251, df = 17, p-value = 0.9276
alternative hypothesis: true difference in means is not equal to 0
95 percent confidence interval:
 -16.44403  15.06626
sample estimates:
mean in group F mean in group M
      78.11111        78.80000

> |
```

▲ t검정 2

상관분석과 미진기시보 수의 깊게 살펴봐야 힐 항녹을 검토해봅시다.

❶ p-value 값으로 통계적 유의성 파악하기

실행 결과를 살펴보면, 두 가지의 t검정 모두 각 p-value 값이 0.3018, 0.9276으로 0.05보다 훨씬 큰 수치가 나왔음을 확인할 수 있습니다. 즉 통계적으로 유의미하지 않은 결과이고, 성별 간 국어 점수와 수학 점수의 차이가 없다고 할 수 있습니다.

❷ sample estimates 확인하기

sample estimates 부분을 보면 각 집단의 평균이 나타나 있습니다. 성별 간 차이가 크지 않다는 사실을 확인할 수 있습니다.

이와 같이 데이터를 하나하나 분석하지 않더라도 R에서 제공하는 상관분석과 t-검정과 같은 기법으로 통계적 가설 검정을 할 수 있습니다.

또한 지금까지 살펴본 통계 분석 기법 외에도 다양한 분석 기법이 있습니다. 본 책은 입문자를 위해 가장 간단하지만 빈번하게 사용되는 내용을 구성한다는 점을 감안하고 더 궁금하신 독자들은 다음과 같이 구글링을 통해 다양한 기법을 공부하거나 저자의 블로그를 활용하시길 바랍니다.

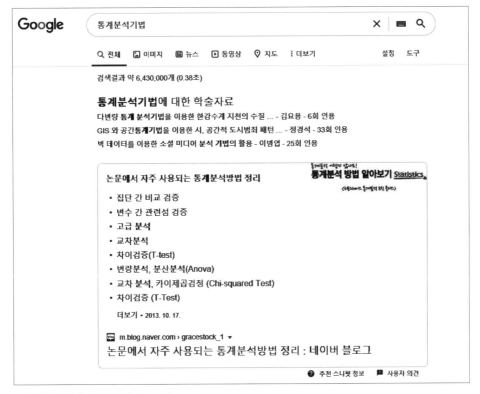

▲ 통계 분석 기법 구글링(출처: Google)

1. 추론 통계와 통계적 가설 검정

- 추론 통계는 단순히 데이터를 객관적으로 파악하고 요약하는 기술 통계 분석을 넘어, 어떤 값이 발생할 확률을 계산합니다.
- 통계 분석을 기술 통계와 추론 통계로 구분하지만, 일반적으로 통계 분석이라 함은 이러한 추론 통계를 통해 데이터 간의 의미를 발견하고 가설을 검정했다는 의미입니다.
- 데이터 분석의 신뢰를 위해서는 유의확률을 계산하여 통계적 가설 검정을 수행해야 합니다.
- '유의확률(Significance Probability, p-value)'은 실제로는 집단 간 차이가 없는데 우연히 차이가 있는 데이터가 추출될 확률을 의미합니다. 즉 유의확률이 클수록 집단 간 차이가 우연에 의해 발생할 확률이 크므로 그 차이가 통계적으로 유의하지 않은 것이며, 유의확률이 작으면 집단 간 차이가 우연에 의해 발생할 확률이 적으므로 그 차이가 통계적으로 유의하다, 즉 우연이라고 보기 힘들다 라는 의미입니다.
- 일반적으로 p-value 값이 0.05보다 작으면 '유의미하다', 즉 '우연으로 발생할 확률이 적다'로 해석합니다.

2. 변수 간의 연관성을 확인하는 상관분석

- 상관분석은 말 그대로 두 개의 연속형 변수가 서로 상관관계에 있느냐, 즉 영향을 주는 관계인지 분석하는 기법입니다.
- 상관계수는 −1~0~1 사이의 값을 지니고 1(양의 상관관계)에 가까울수록 관련성이 높고, 0에 가까울수록 두 변수 간 상관관계가 없다는 의미입니다. −1(음의 상관관계)이라면 반비례 관계임을 의미합니다.
- cor.test( ) 함수를 사용합니다.

3. 스크립트 생성 및 저장, 실행

- t검정은 두 집단의 평균에 차이가 있는지 알아보는 통계 분석 기법입니다. 예를 들어, 1반과 2반의 수학 점수의 어떤 차이가 있는지 알아보기 위해 t검정을 사용할 수 있습니다.
- tt.test( ) 함수를 사용합니다.

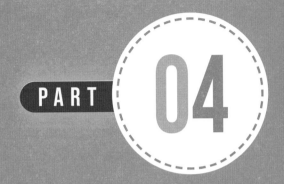

PART 04

실전 데이터 분석, 도전하기

유용한 한글 텍스트 마이닝,
KoNLP_인기 노래, 워드클라우드 만들기

"데이터는 크게 정형 데이터와 비정형 데이터로 나뉩니다.

정형 데이터는 일반 기업에서 사용하는 엑셀과 같이 잘 정리된 데이터를 생각하면 됩니다.

비정형 데이터는 무엇일까요?

비정형 데이터는 메일 본문, 노래 가사, 동영상, 오디오, 사진 등과 같이 구조가 정의되지 않은 데이터입니다.

빅데이터가 더욱 주목받은 이유는 비정형 데이터의 저장과 처리가 용이해졌기 때문이라고 PART 01에서 설명하였습니

이번 장에서는 비정형 데이터를 분석하는 KoNLP 패키지를 활용하여 데이터 분석을 해보도록 하겠습니다. "

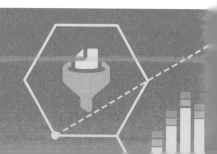

텍스트 마이닝은 비정형 데이터(이미지, 동영상, 위치 정보, 게시물 등)를 이용하여 통계적인 의미가 있는 개념이나 특성을 추출하고 이것들 간의 패턴이나 추세를 분석하여 유의미한 정보를 읽어내는 과정입니다.

텍스트 마이닝에는 다양한 기법이 있지만, 본 장에서 다룰 텍스트 마이닝은 R에서 제공하는 KoNLP 패키지를 활용하여 단어의 빈도를 집계하고, 워드클라우드라는 데이터 시각화를 구현하는 것까지 실습을 통해 배워보도록 하겠습니다.

Point 1 / 텍스트 마이닝에 필요한 패키지 설치하기

본 장에서의 목표를 이루기 위해서는 크게 두 가지의 패키지가 필요합니다. 함께 개념을 익혀가고 패키지를 설치하도록 하겠습니다.

1 KoNLP(Korean Natural Language Process) 패키지 설치하기

KoNLP 패키지는 패키지 내에 포함된 사전을 통해 한글의 품사를 분석해주는 패키지입니다. 보통 영문 텍스트 마이닝은 다양한 자연어 처리 패키지를 활용할 수 있지만, 한글을 처리하는 패키지는 KoNLP가 유일합니다. 이유는 한국어가 알파벳을 기반으로 한 다른 언어에 비해서 품사 분석이 까다로운 편이며, 알파벳 기반의 언어보다는 사용성이 적기 때문입니다. 하지만 KoNLP 패키지만을 사용하더라도 기본적인 한글 텍스트 마이닝은 모두 가능하므로 잘 활용해 보도록 합시다.

또한, KoNLP 패키지 설치는 지금까지 설치해온 패키지보다 조금 까다로울 수 있습니다. KoNLP가 현재 R스튜디오의 버전과 맞지 않아 그냥 설치할 수는 없으므로 KoNLP 설치 이전에 받아야 할 몇 가지 사항에 대해 정리하도록 하겠습니다.

❶ Java 다운로드

KoNLP를 사용하기 위해서는 패키지 내에 포함되어 있는 r Java 패키지 때문에 Java가 필요합니다. Java 사이트(https://www.java.com/ko/download/)에 접속하여 운영체제 버전에 맞게 Java를 다운로드해서 설치한 후 KoNLP 패키지를 로드해야 합니다.

▲ java 다운로드

<\/> 코드

```
install.packages("KoNLP")
library(KoNLP)
```

⚙ 실습

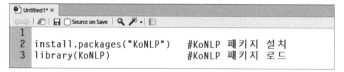

▲ KoNLP

❷ 만약, 위와 같은 방법으로도 KoNLP가 설치되지 않는다면 필자가 제공하는 파일을 다운로드하여 사용하도록 합시다.

② wordcloud2 패키지

워드 클라우드는 무엇일까요?

구글에 'wordcloud' 키워드로 검색을 하면 다양한 이미지를 확인할 수 있습니다.

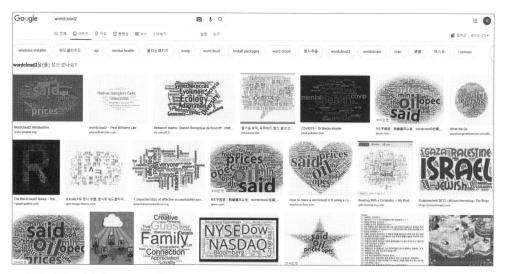

▲ 워드클라우드 이미지(출처: Google)

워드클라우드는 이처럼 특정 단어의 언급량을 분석하여 빈도에 따라 단어를 추출하고 색이나 굵기 등으로 구분하여 시각적으로 표현한 것입니다. 뉴스 기사나 보고서 등에서 종종 찾아볼 수 있습니다.

wordcloud2 패키지는 이러한 워드클라우드를 간단하게 만들어 주는 패키지입니다. 패키지에 포함된 다양한 함수와 옵션을 활용하여 자유롭게 원하는 방식으로 생성할 수 있어 유용합니다. wordcloud 패키지보다 wordcloud2 패키지가 더 다양한 시각화를 지원하므로 wordcloud2 패키지를 설치해 보도록 합시다.

</> 코드

```
install.packages("wordcloud2")
library(wordcloud2)
```

```
5  install.packages("wordcloud2")    #wordcloud2 패키지 설치
6  library(wordcloud2)               #wordcloud2 패키지 로드
```

▲ wordcloud2

한글 텍스트 마이닝을 위한 필수적인 패키지를 모두 설치하였습니다. 계속해서 실습을 진행하도록 하겠습니다.

Point 2 / 2020년 인기 노래 '싹쓰리-다시 여기 바닷가' 형태소 분석하기

필요한 패키지 설치를 완료하였다면 분석할 데이터를 가져와 봅시다.

2020년 여름, 인기 차트 1위를 달성한 싹쓰리 그룹의 '다시 여기 바닷가' 노래로 품사 분석을 실행해보겠습니다. 품사 분석을 분석하고자 하는 문장에 포함된 단어가 품사별로 구분되어 있어야 하므로 사전(Dictionary) 설정이 필요합니다.

1 사전 설정하기

KoNLP 패키지는 3가지 사전을 포함하고 있습니다. 시스템 사전(useSystemDic( )), 세종 사전(useSejongDic( )), NIADic(useNIADic( )) 사전이 있습니다. 시스템 사전에는 28만 단어, 세종 사전에는 37만 단어, NIADic 사전은 98만 단어가 있습니다.

가장 많은 단어를 포함하고 있는 useNIADic 사전을 설정해보도록 하겠습니다.

코드

```
useNIADic( )
```

실습

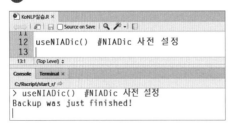

```
11
12  useNIADic()  #NIADic 사전 설정
13  |
13:1   (Top Level) ↕

Console  Terminal ×
C:/Rscript/start_r/ ⇨
> useNIADic()  #NIADic 사전 설정
Backup was just finished!
```

◀ KoNLP 패키지

Backup was just finished! 라는 문구가 표시되면 사전 설정이 완료된 것입니다. 우리는 이제 NIADic 사전을 통해 품사 분석을 진행할 것입니다.

② 가사 다운로드 및 품사 분석하기

품사 분석을 위해서는 데이터를 불러오고, 품사 분석에 알맞게 숫자, 특수문자, 조사 등을 제거하는 전처리 과정을 거칩니다. 그리고 의미를 전달하는 한글 명사만을 추출해서 빈도를 분석해야 합니다.

❶ 가사 다운로드 및 데이터 확인하기

필자가 제공하는 song.txt 데이터를 다운로드하여 열어봅시다.

▲ 노래 다운로드

노래 가사가 행으로 잘 구분되어 있습니다.

데이터를 변수에 저장하고 파일을 행 단위로 읽는 readLine( ) 함수를 사용하여 데이터를 확인해봅시다.

코드

```
song_exam <- readLines( " song.txt " )
song_exam
```

실습

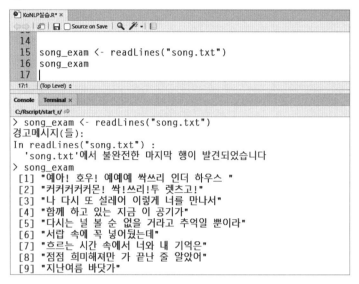

▲ KoNLP 패키지

만약, 한글이 아닌 알 수 없는 문자로 표시가 된다면 [파일 → 다른 이름으로 저장]에서
인코딩 방식을 ANSI로 바꾸어 주고 다시 실행합니다.

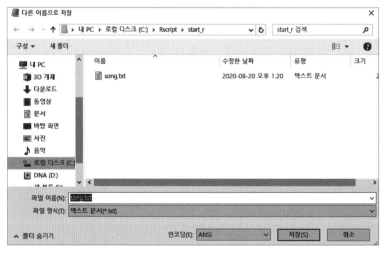

▲ KoNLP 패키지

❷ 명사 추출하기

노래 가사를 살펴보면 감탄사와 조사 등 단독으로 의미를 갖지 못하는 부분들을 확인할 수 있습니다. 이러한 부분을 제외하고 명사만 추출하여 봅시다.

명사만 분리할 때는 extractNoun( ) 함수를 이용합니다. 모든 행에 함수를 적용하기 위해서 sapply( ) 함수를 함께 사용해보겠습니다.

</> 코드

```
song_exam2 <- sapply( song_exam, extractNoun, USE.NAMES = F )
song_exam2
```

실습

```
song_exam2 <- sapply(song_exam, extractNoun, USE.NAMES = F) #명사 추출
song_exam2
```

```
> song_exam2 <- sapply(song_exam, extractNoun, USE.NAMES = F) #명사 추출
> song_exam2
[[1]]
[1] "예아"    "호우"    "예예예" "싹쓰리" "인더"   "하우"    "스"

[[2]]
[1] "커커커커커몬" "투"              "렛츠고"

[[3]]
[1] "나" "너"

[[4]]
[1] "공기"

[[5]]
[1] "널"    "것"    "추억" "뿐"    "라"

[[6]]
[1] "서랍" "속"    "데"

[[7]]
[1] "시간" "속"    "너"    "내"    "기억" "은"

[[8]]
[1] "희미" "줄"    "알았" "어"
```

▲ KoNLP 패키지

"공기", "서랍", "시간", "희미" 등 명사가 잘 추출된 것을 확인할 수 있습니다.

❸ 리스트를 벡터로 변환하고, 빈도 확인하기

처리된 단어의 가독성을 높이기 위해서 지금과 같은 리스트 형식이 아닌 벡터로 바꿔보도록 하겠습니다. 데이터를 벡터로 변환할 때는 unlist ( ) 함수를 사용합니다.

</> 코드

```
song_exam3 <- unlist(song_exam2)
song_exam3
```

실습

```
20
21  song_exam2 <- sapply(song_exam, extractNoun, USE.NAMES = F) #명사 추출
22  song_exam2
23
24  song_exam3 <- unlist(song_exam2)  #데이터를 벡터로 변환
25  song_exam3
```

```
> song_exam3 <- unlist(song_exam2)  #데이터를 벡터로 변환
> song_exam3
  [1] "에아"        "호우"        "예예예"       "싹쓰리"       "인더"
  [6] "하우"        "스"          "커커커커커몬"  "투"          "렛츠고"
 [11] "나"          "너"          "공기"        "널"          "것"
 [16] "추억"        "뿐"          "라"          "서랍"        "속"
 [21] "데"          "시간"        "속"          "너"          "내"
 [26] "기억"        "은"          "희미"        "줄"          "알았"
 [31] "어"          "지난"        "여름"        "바닷"        "너"
 [36] "나"          "파도"        "며"          "꿈"          "꾸었"
 [41] "지"          "바닷가이제는"  "말"         "싶"          "어"
 [46] "너"          "나"          "빛"          "나"          "별"
 [51] "다들"        "짜증"        "내"          "우리"        "둘"
 [56] "따뜻"        "내"          "풍당"        "널"          "이젠"
 [61] "가지"        "것"          "모"          "위"          "펴펴펴편지를"
 [66] "밀물"        "지"          "추억"        "첫"          "너"
 [71] "한"          "번"          "싶"          "어"          "시간"
 [76] "속"          "너"          "내"          "기억"        "희미"
 [81] "줄"          "알았"        "어"          "지난"        "여름"
 [86] "바닷가"       "너"          "나"          "단둘"        "파도"
 [91] "꿈"          "꾸었"        "지"          "바닷가"       "말"
 [96] "싶"          "어"          "너"          "나"          "빛"
[101] "별"          "시간"        "강"          "너"          "나"
[106] "노을"        "쳐"          "시경"        "긴직"        "헤"
```

▲ KoNLP 패키지

본 장에서는 노래 가사에 대한 워드클라우드를 그려보는 것까지가 목표입니다. 워드클라우드는 단어의 빈도에 따라 크고 굵게 표시되므로 table( ) 함수를 사용하여 항목별 빈도수를 확인합니다.

</> 코드

```
song_exam4 <- table(song_exam3)
song_exam4
```

⚙ 실습

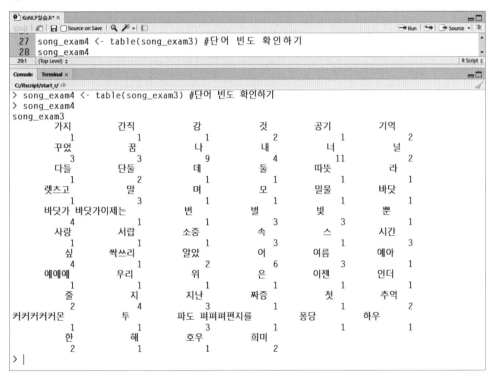

▲ KoNLP 패키지

❹ 데이터 정제하기

단어별 빈도 분석까지 완료하였습니다. 하지만 문자를 살펴보면 의미가 없는 한 글자가 많기 때문에, 이를 Filter( ) 함수를 통해 두 글자 이상인 단어만 선별하도록 합니다.

Filter( ) 함수는 조건에 맞게 데이터를 가공해주는 함수입니다. 내부에서 function( ) 함수를 이용하여 다음과 같이 별도의 함수도 만들어 사용할 수 있습니다. nchar( ) 함수는 길이를 구해주는 함수입니다.

또한, 의미를 파악하기 어려운 "꾸었", "하우" 등의 단어는 gsub 함수를 통해 삭제해보겠습니다. gsub( ) 함수는 '데이터 세트 <- gsub("삭제할 단어", " ", 데이터 세트)' 공식으로 작성합니다.

두 가지 모두 코드를 작성해보겠습니다.

‹/› 코드

```
song_exam5 <- Filter(function(x) {nchar(x) >= 2}, song_exam3)
song_exam5 <- gsub("꾸었", " ", song_exam5)
song_exam5 <- gsub("하우", " ", song_exam5)


song_exam5
```

● 실습

```
● KoNLP실습.R* ×
  🔲 🔃 🔒 □ Source on Save  🔍  🔆 ·  📋                                    ➡ Run   ➡⁺   ➡ Source ·  ⬚
31
32
33  song_exam5 <- Filter(function(x) { nchar(x) >= 2 }, song_exam3) # 두 글자 이상 선별
34  song_exam5 <- gsub("꾸었", "", song_exam5)    #데이터 제거하기
35  song_exam5 <- gsub("하우", "", song_exam5)    #데이터 제거하기
36  song_exam5
37
39:1   (Top Level) ≑                                                              R Script ≑

Console   Terminal ×                                                                  _□
C:/Rscript/start_r/ ⬚
> song_exam5 <- Filter(function(x) { nchar(x) >= 2 }, song_exam3) # 두 글자 이상 선별
> song_exam5 <- gsub("꾸었", "", song_exam5)    #데이터 제거하기
> song_exam5 <- gsub("하우", "", song_exam5)    #데이터 제거하기
> song_exam5
 [1] "에아"         "호우"         "에에예"       "싹쓰리"       "인더"
 [6] ""            "커커커커커몬" "렛츠고"       "공기"         "추억"
[11] "서랍"         "시간"         "기억"         "희미"         "알았"
[16] "지난"         "여름"         "바닷"         "파도"         ""
[21] "바닷가이제는" "다들"        "짜증"         "우리"         "따뜻"
[26] "풍덩"         "이젠"         "가지"         "펴펴펴편지를" "밀물"
[31] "추억"         "시간"         "기억"         "희미"         "알았"
[36] "지난"         "여름"         "바닷가"       "단둘"         "파도"
[41] ""            "바닷가"       "시간"         "소중"         "사랑"
[46] "간직"         "지난"         "여름"         "바닷가"       "단둘"
[51] "파도"         ""            "바닷가"
> |
```

▲ KoNLP 패키지

두 글자 이상의 단어만 선별되었고, "꾸었"과 "하우"와 같은 단어가 삭제되었습니다.

이제 마지막으로 table( ) 함수를 사용하여 빈도를 구하고 워드클라우드를 만들겠습니다.

</> 코드

```
song_exam6 <- table( song_exam5 )
song_exam6
```

실습

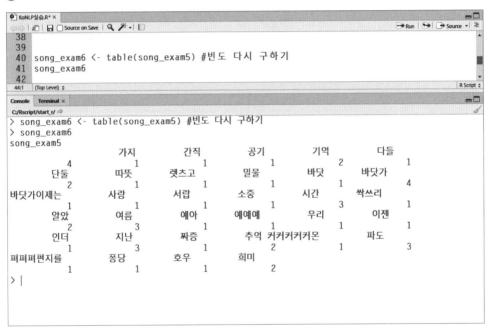

▲ KoNLP 패키지

명확하고 깔끔하게 의미가 전달되는 명사가 추출되는 것은 아니지만 가장 많이 사용되는 단어는 "바닷가", "여름", "시간", "파도" 등이 많이 사용된 것을 확인할 수 있습니다. 본 결과는 가장 기본적인 전처리 과정만 거쳤기 때문에 100% 정확한 데이터는 아닙니다.

전처리 과정을 얼마나 정확하고 심도 있게 분석했느냐에 따라 데이터 분석의 결과 및 정확도가 달라질 수 있습니다.

워드클라우드 만들기

이제 드디어 데이터를 워드클라우드로 그려보겠습니다. 앞에서 wordcloud2 패키지를 설치하지 않았다면 설치 후 로드합니다.

</> 코드

```
install.packages( "wordcloud2" )
library( wordcloud2 )
```

실습

```
34  install.packages("wordcloud2")  #wordcloud2 패키지 설치
35  library(wordcloud2)             #wordcloud2 패키지 로드
```

▲ wordcloud2

1 기본형 워드클라우드 생성하기

wordcloud2( ) 함수는 다양한 옵션을 가지고 있습니다. 먼저 가장 기본형 워드클라우드를 그려보겠습니다.

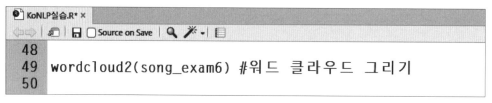

▲ wordcloud2

</> 코드

```
wordcloud2( song_exam6 )
```

▲ wordcloud2

단어의 빈도에 따라 크기와 굵기가 다르게 표현됩니다.

2 다양한 모양의 워드클라우드 생성하기

wordcloud2( ) 함수가 가지고 있는 다양한 옵션을 사용하여 워드클라우드를 그려보겠습니다.

〈/〉 코드

```
wordcloud2( song_exam6, fontEamily = "나눔고딕", size = 1.0, backgroundColor
= "black", shape = 'circle')
```

```
47
48
49   wordcloud2(song_exam6) #워드 클라우드 그리기
50
51   wordcloud2(song_exam6, fontFamily = "나눔고딕", size = 1.0,
52           backgroundColor = "black",
53           shape = 'circle') #옵션주기
54
```

> Console   Terminal ×
>
> C:/Rscript/start_r/
>
> ```
> > wordcloud2(song_exam6, fontFamily = "나눔고딕", size = 1.0,
> +         backgroundColor = "black",
> +         shape = 'circle') #옵션주기
> > |
> ```

▲ wordcloud2

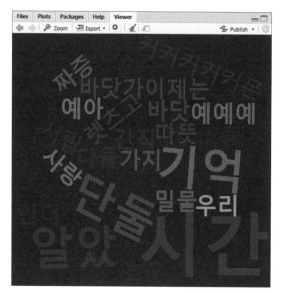

▲ wordcloud2

워드클라우드의 옵션은 무궁무진하므로 심화된 내용은 구글링 또는 필자의 블로그를 보고 실습하시길 바랍니다.

본 프로젝트는 한글 데이터를 분석하는 KoNLP 패키지와 텍스트의 빈도를 워드클라우드로 생성하는 wordcloud2( ) 패키지를 통해 '싹쓰리-다시 여기 바닷가'의 가사를 분석해봤습니다.

비교적 복잡하게 느껴졌을 수도 있지만, 여러 번 연습하여 흐름을 익히도록 합시다. 또한, 데이터를 달리하여 워드클라우드를 생성하고 텍스트 분석을 수행해보도록 합시다.

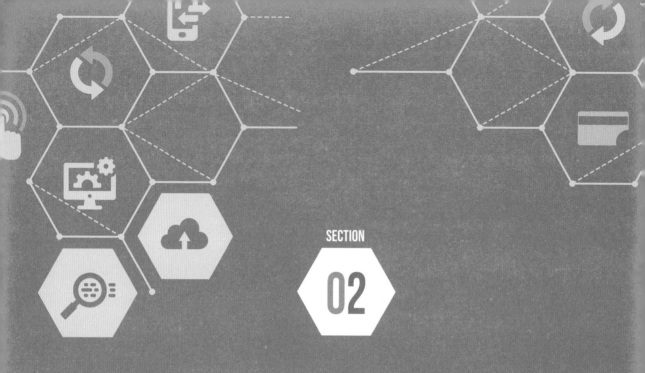

데이터 분석의 꽃, ggplot2_
제주도는 어느 나라에서 가장 많이 올까?

"ggplot2 패키지는 지금까지 많이 연습하고 배워봤습니다.

하지만 데이터 분석의 실력은 얼마나 많이 이론적으로 알고 있느냐보다는

실제 데이터들을 많이 다뤄보고 패키지를 활용해보는 것에 달려 있습니다.

이번에는 공공데이터를 활용하여 재미있는 프로젝트를 수행해보도록 하겠습니다."

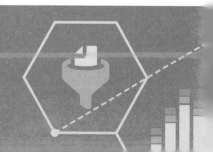

계속해서, 연습해왔던 R의 핵심 시각화 패키지인 ggplot2를 통해서 간단한 데이터 분석 후 시각화를 해보도록 하겠습니다. ggplot2 패키지는 앞서 많이 설명했으므로 자세한 설명은 넘어가도록 하겠습니다.

필자가 제공하는 jeju2.csv 파일은 2018년 1월부터 12월까지 아시아 국가별 방문자 수를 나타내고 있습니다. 이 데이터를 가지고 2018년, 아시아 국가 중 어느 국가가 제주도를 가장 많이 방문했는지 분석 후 시각화로 표현해보겠습니다.

Point 1 / 분석의 용이성을 위해 데이터 가공하기

원시 데이터를 통해 데이터 구조를 살펴보도록 합시다.

▲ 원시 데이터 분석

원시 데이터를 살펴보면 csv 파일로 각 변수와 데이터가 쉼표로 구분되어있다는 것을 알 수 있습니다. 변수는 구분, 상세, 2018년1월, 2018년2월, 2018년3월~2018년12월로 구성되어 있으며, 구분 변수는 모두 아시아로 동일하고 상세는 각 아시아에 속하는 국가들, 월별 방문객 숫자로 이루어져 있습니다. 이처럼 기본적인 내용을 반드시 원시 데이터를 통해 먼저 확인해야 합니다.

확인 후에는 어떻게 해야 할까요?

데이터를 R스튜디오로 불러온 후 데이터 분석의 용이함을 위해 데이터를 가공하여야 합니다.

1 데이터 불러오기

데이터 가공을 위해서는 먼저 데이터를 불러와야겠죠? CSV 파일을 불러오기 위해서는 별도 패키지가 필요하지 않으므로 read.csv( ) 함수를 통해 데이터를 불러와 봅시다.

</> 코드

```
jeju_exam <- read.csv( " jeju2.csv " )
jeju_exam
```

실습

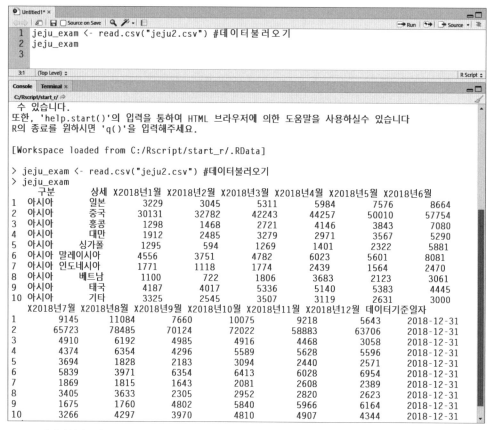

▲ jeju2 데이터 불러오기

데이터를 불러와서 jeju_exam 변수에 할당하였습니다.

② 필요 없는 변수 삭제하기

지금 우리가 분석하고자 하는 목표를 다시 한번 되짚어봅시다. 우리는 '2018년 아시아 국가 중 어느 국가가 제주도를 가장 많이 방문했는지'를 확인하는 것이 목표입니다.

그리고 다시 데이터를 살펴봅시다.

어떻게 하면 좋을까요?

데이터의 구분 변수는 모두 '아시아'로 데이터가 동일하며, 이미 우리도 아시아 국가를 대상으로 데이터 분석을 수행하는 것을 알고 있습니다. 즉 구분 변수는 이번 데이터 분석에 있어서 중요한 변수가 아니므로 삭제하는 것이 좋습니다. 데이터 기준 일자도 2018-12-31로 모두 동일하니 함께 삭제하도록 하겠습니다.

원시 데이터에서 먼저 삭제한 후 데이터를 불러올 수도 있지만 R스튜디오를 통해서 한번에 지워보도록 하겠습니다.

특정 변수(열)을 삭제하기 위해서는 R 기본 내장 함수인 subset( ) 함수를 사용합니다.
subset(데이터프레임, select=c(-변수명,-변수명))

데이터 삭제 후 jeju_exam2 변수에 할당하겠습니다.

‹/› 코드

```
jeju_exam2 <- subset(jeju_exam, select =c(-구분, -데이터기준일자))
jeju_exam2
```

실습

```
7
8  jeju_exam2 <-subset(jeju_exam, select=c(-구분,-데이터기준일자)) #변수 삭제하기
9  jeju_exam2
10
```

```
> jeju_exam2 <-subset(jeju_exam, select=c(-구분,-데이터기준일자)) #변수 삭제하기
> jeju_exam2
        상세 X2018년1월 X2018년2월 X2018년3월 X2018년4월 X2018년5월 X2018년6월
1       일본      3229      3045      5311      5984      7576      8664
2       중국     30131     32782     42243     44257     50010     57754
3       홍콩      1298      1468      2721      4146      3843      7080
4       대만      1912      2485      3279      2971      3567      5290
5     싱가폴      1295       594      1269      1401      2322      5881
6   말레이시아     4556      3751      4782      6023      5601      8081
7   인도네시아     1771      1118      1774      2439      1564      2470
8       베트남      1100       722      1806      3683      2123      3061
9       태국      4187      4017      5336      5140      5383      4445
10      기타      3325      2545      3507      3119      2631      3000
   X2018년7월 X2018년8월 X2018년9월 X2018년10월 X2018년11월 X2018년12월
1       9145     11084      7660     10075      9218      5643
2      65723     78485     70124     72022     58883     63706
3       4910      6192      4985      4916      4468      3058
4       4374      6354      4296      5589      5628      5596
5       3694      1828      2183      3094      2440      2571
6       5839      3971      6354      6413      6028      6954
7       1869      1815      1643      2081      2608      2389
8       3405      3633      2305      2952      2820      2623
9       1675      1760      4802      5840      5966      6164
10      3266      4297      3970      4810      4907      4344
>
```

▲ subset( ) 함수 사용하기

③ 보기 쉽게 변수명 변경하기

현재 변수는 '상세', 'X2018년1월' 등 한국어를 있는 그대로 표현하여 이해하기는 쉽지만, R 스튜디오가 외국 프로그램인 만큼 한국어보다는 영어로 변수를 설정하는 것이 편리할 때가 많습니다.

R 기본 내장 함수인 names( ) 함수를 사용하여 변수명을 용이하게 변경해보겠습니다.

names( ) 함수는 변수명을 모두 변경할 때 사용할 수 있는 함수입니다.

변수명을 '상세' → 'country', 'X2018년X월 → Y_X'로 변경해보겠습니다.

```
names(jeju_exam2)<-c("country", "Y_1", "Y_2", "Y_3", "Y_4", "Y_5",
"Y_6", "Y_7", "Y_8", "Y_9", "Y_10", "Y_11", "Y_12",)


jeju_exam2
```

실습

```
Untitled1* ×
 Source on Save          ⟶ Run   ⟶ Source 
15  names(jeju_exam2) <-c("country", "Y_1","Y_2","Y_3","Y_4","Y_5","Y_6","Y_7",
16                         "Y_8","Y_9","Y_10","Y_11","Y_12") # 변수명 일괄변경
17  jeju_exam2
18
18:1  (Top Level)                                                              R Script 
Console  Terminal ×
C:/Rscript/start_r/
> names(jeju_exam2) <-c("country", "Y_1","Y_2","Y_3","Y_4","Y_5","Y_6","Y_7",
+                        "Y_8","Y_9","Y_10","Y_11","Y_12") # 변수명 일괄변경
> jeju_exam2
     country   Y_1   Y_2   Y_3   Y_4   Y_5   Y_6   Y_7   Y_8   Y_9  Y_10  Y_11  Y_12
1        일본  3229  3045  5311  5984  7576  8664  9145 11084  7660 10075  9218  5643
2        중국 30131 32782 42243 44257 50010 57754 65723 78485 70124 72022 58883 63706
3        홍콩  1298  1468  2721  4146  3843  7080  4910  6192  4985  4916  4468  3058
4        대만  1912  2485  3279  2971  3567  5290  4374  6354  4296  5589  5628  5596
5      싱가폴  1295   594  1269  1401  2322  5881  1828  2183  3094  2440  2571
6    말레이시아  4556  3751  4782  6023  5601  8081  5839  3971  6354  6413  6028  6954
7    인도네시아  1771  1118  1774  2439  1564  2470  1869  1815  1643  2081  2608  2389
8        베트남  1100   722  1806  3683  2123  3061  3405  3633  2305  2952  2820  2623
9        태국  4187  4017  5336  5140  5383  4445  1675  1760  4802  5840  5966  6164
10       기타  3325  2545  3507  3119  2631  3000  3266  4297  3970  4810  4907  4344
> |
```

▲ names( ) 함수 사용하기

원하는 변수로 모두 변경하였습니다.

Tip

rename( ) vs names( )

PART 02에서 변수명을 변경하기 위해서 dplyr 패키지에 포함된 rename( ) 함수를 사용하였습니다.

이번에는 왜 rename( ) 함수가 아닌 names( ) 함수를 사용했을까요?

rename( ) 함수는 위와 같이 모든 변수를 변경하는 것보다 특정 변수명을 변경할 때 사용하기 쉽
습니다. 물론 names( ) 함수도 인덱스를 활용하여 특정 변수를 변경할 수 있지만 rename( ) 함수
를 사용하는 것이 더 간단합니다.

Point 2 / 데이터 분석하기

분석의 용이함을 위해서 필요하지 않은 변수를 삭제하고, 변수명도 변경하였습니다. 기초 함수를 활용하여 데이터 파악을 해보겠습니다.

1 데이터 기본 파악하기

가독성이 떨어지므로 View( ) 함수를 통해서 데이터를 살펴보고, str( ) 함수를 통해 데이터 기본 구조를 파악하겠습니다.

</> 코드

```
View(jeju_exam2)
str(jeju_exam2)
```

실습

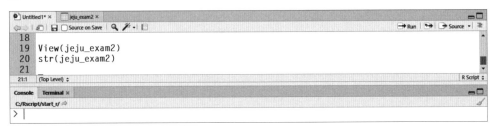

▲ 데이터 기본 구조 파악하기

View( ) 함수를 통해 데이터가 잘 변경된 것을 확인할 수 있습니다.

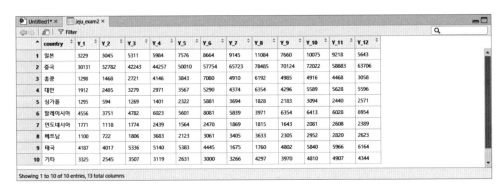

▲ View( ) 함수 확인하기

str( ) 함수를 보면, 데이터의 속성은 10개의 관측치와 13개의 변수를 가지고 있는 데이터 프레임이며, country 변수는 범주형 변수, Y_X 변수는 정수 형태인 연속형 변수임을 확인할 수 있습니다.

```
Console  Terminal ×
C:/Rscript/start_r/
> str(jeju_exam2)
'data.frame':    10 obs. of 13 variables:
 $ country: Factor w/ 10 levels "기타","대만",..: 7 8 10 2 5 3 6 4 9 1
 $ Y_1    : int  3229 30131 1298 1912 1295 4556 1771 1100 4187 3325
 $ Y_2    : int  3045 32782 1468 2485 594 3751 1118 722 4017 2545
 $ Y_3    : int  5311 42243 2721 3279 1269 4782 1774 1806 5336 3507
 $ Y_4    : int  5984 44257 4146 2971 1401 6023 2439 3683 5140 3119
 $ Y_5    : int  7576 50010 3843 3567 2322 5601 1564 2123 5383 2631
 $ Y_6    : int  8664 57754 7080 5290 5881 8081 2470 3061 4445 3000
 $ Y_7    : int  9145 65723 4910 4374 3694 5839 1869 3405 1675 3266
 $ Y_8    : int  11084 78485 6192 6354 1828 3971 1815 3633 1760 4297
 $ Y_9    : int  7660 70124 4985 4296 2183 6354 1643 2305 4802 3970
 $ Y_10   : int  10075 72022 4916 5589 3094 6413 2081 2952 5840 4810
 $ Y_11   : int  9218 58883 4468 5628 2440 6028 2608 2820 5966 4907
 $ Y_12   : int  5643 63706 3058 5596 2571 6954 2389 2623 6164 4344
```

▲ str( ) 함수 확인하기

② 파생 변수 생성 및 데이터 연산하기

우리의 목표는 월별 방문자수가 아닌, 2018년을 통합해서 어느 국가가 제일 많이 방문했는지를 알아내야 하므로 각 월별 집계 수를 더하도록 하겠습니다.

앞서 배운 것처럼 +연산자를 통해서 Y_1~Y_12를 모두 더해 sum 파생 변수를 생성할 수 있습니다.

</> 코드

```
jeju_exam2$sum <- jeju_exam2$Y_1+jeju_exam2$Y_2+jeju_exam2$Y_3+jeju_
exam2$Y_4+jeju_exam2$Y_5+jeju_exam2$Y_6+jeju_exam2$Y_7+jeju_exam2$Y_8+jeju_
exam2$Y_9+jeju_exam2$Y_10+jeju_exam2$Y_11+jeju_exam2$Y_12
```

실습

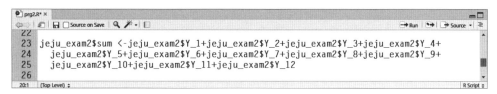

```
22
23   jeju_exam2$sum <-jeju_exam2$Y_1+jeju_exam2$Y_2+jeju_exam2$Y_3+jeju_exam2$Y_4+
24     jeju_exam2$Y_5+jeju_exam2$Y_6+jeju_exam2$Y_7+jeju_exam2$Y_8+jeju_exam2$Y_9+
25     jeju_exam2$Y_10+jeju_exam2$Y_11+jeju_exam2$Y_12
26
```

▲ 데이터 연산

하지만 위와 같이 작성하면 코드가 너무 길어지고, 작성하기 어려우므로 dplyr 패키지 내에
있는 mutate( ) 함수를 사용하여 더욱 간단하게 연산해보겠습니다.

〈/〉 코드

```
library(dplyr)

jeju_exam3 <- jeju_exam2 %>%mutate(sum=Y_1+ Y_2+ Y_3+ Y_4+ Y_5+ Y_6+ Y_7+
Y_8+ Y_9+ Y_10+ Y_11+ Y_12)

View(jeju_exam3)
```

⚙ 실습

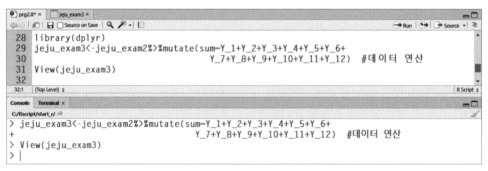

▲ mutate( ) 함수 사용하기

패키지를 로드하여 mutate( ) 함수를 통해 일괄적으로 연산하고, View( ) 함수를 통해 확인
해보았습니다.

	country	Y_1	Y_2	Y_3	Y_4	Y_5	Y_6	Y_7	Y_8	Y_9	Y_10	Y_11	Y_12	sum
1	일본	3229	3045	5311	5984	7576	8664	9145	11084	7660	10075	9218	5643	86634
2	중국	30131	32782	42243	44257	50010	57754	65723	78485	70124	72022	58883	63706	666120
3	홍콩	1298	1468	2721	4146	3824	7080	4910	6192	4985	4916	4468	3058	49085
4	대만	1912	2485	3279	2971	3567	5290	4374	6354	4296	5589	5628	5596	51341
5	싱가폴	1295	594	1269	1401	2322	5881	3694	1828	2183	3094	2440	2571	28572
6	말레이시아	4556	3751	4782	6023	5601	8081	5839	3971	6354	6413	6028	6954	68353
7	인도네시아	1771	1118	1774	2439	1564	2470	1869	1815	1643	2081	2608	2389	23541
8	베트남	1100	722	1806	3683	2123	3061	3405	3633	2305	2952	2820	2623	30233
9	태국	4187	4017	5336	5140	5383	4445	1675	1760	4802	5840	5966	6164	54715
10	기타	3325	2545	3507	3119	2631	3000	3266	4297	3970	4810	4907	4344	43721

Showing 1 to 10 of 10 entries, 14 total columns

▲ View( ) 함수 확인

ggplot2를 통해서 다양한 시각화해보기

최종 가공된 데이터를 가지고, 그래프로 그려보겠습니다.

ggplot2 패키지를 설치하고 로드합니다. 이미 설치되어 있다면 로드작업만 수행합니다.

</> 코드

```
install.packages("ggplot2")
library(ggplot2)
```

⚙ 실습

```
 38
 39 install.packages("ggplot2")
 40 library(ggplot2)
 41
```

▲ ggplot2 패키지 설치 및 로드

1 그래프 기본 틀 만들기

ggplot2 패키지에 담긴 모든 그래프의 기본은 ggplot() 함수입니다. 원하는 그래프를 그리기 이전에 기본 틀을 먼저 만들어봅시다. x축에는 country 변수, y축에는 sum 변수를 생성합니다.

</> 코드

```
ggplot(jeju_exam3, aes(x=country, y=sum))
```

⚙ 실습

```
 43 ggplot(jeju_exam3, aes(x=country, y=sum))
 44
 45
48:1   (Top Level) ÷                                               R Script ÷
Console  Terminal ×
C:/Rscript/start_r/
> ggplot(jeju_exam3, aes(x=country, y=sum))
>
```

▲ ggplot() 함수로 기본 틀 만들기

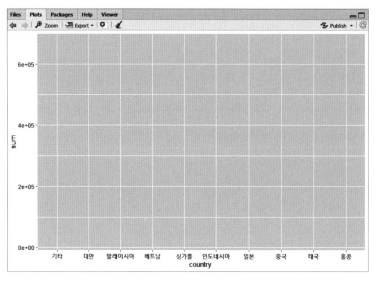

▲ 기본 배경

② 막대그래프 그리기

기본 배경에 geom_col( )을 추가하여 막대그래프를 그려보겠습니다.

</> 코드

```
ggplot(data=jeju_exam3, aes(x=country, y=sum))+geom_col( )
```

실습

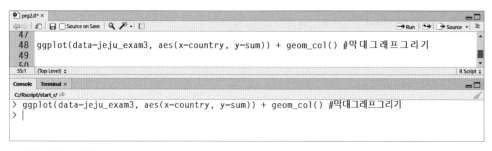

▲ 막대그래프 그리기

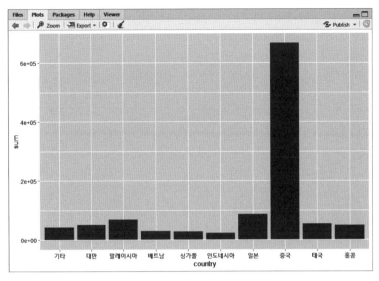

▲ 막대그래프

그래프를 살펴보면 중국이 압도적으로 많고, 일본, 말레이시아가 그 뒤를 잇습니다. 막대그래프의 순서는 기본적으로 범주의 알파벳 순서로 정렬됩니다. 그래서 기타가 제일 먼저 위치해 있고, 홍콩이 맨 뒤에 위치해 있는 것을 알 수 있습니다.

조금 더 가독성을 좋게 하기 위해서 reorder( ) 함수를 사용하여 크기 순으로 정렬하도록 하겠습니다. reorder( )에 x축 변수와 정렬 기준으로 삼을 변수를 지정하면 됩니다. 정렬 기준 변수 앞에 −기호를 붙이면 내림차순으로 정렬합니다.

</> 코드

```
ggplot(data=jeju_exam3, aes(x=reorder(country, -sum), y=sum))+geom_col( )
```

⟳ 실습

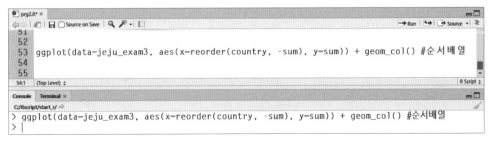

▲ 순서 배열

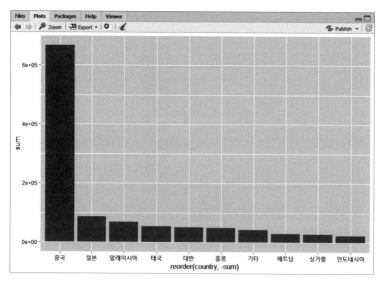

▲ 순서 배열 그래프

reorder( ) 함수를 사용하니 한눈에 순서대로 살펴볼 수 있습니다.

❸ 누적 막대그래프로 선버스트 차트 그리기

위와 같은 막대그래프에서 함수 하나만 더하면 선버스트 차트로 변형할 수 있습니다.

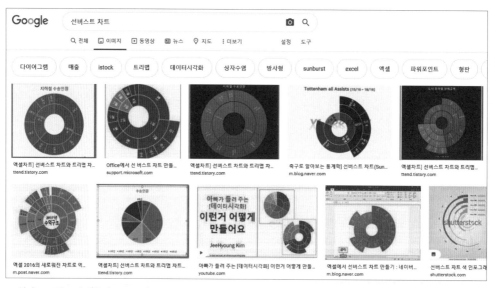

▲ 선버스트 차트 예시(출처: Google)

선버스트 차트는 위와 같이 하나의 변수에 포함된 값의 비율을 원형 형태로 파악하는 그래프입니다.

다음과 같이 코드를 작성하여 확인해봅니다.

</> 코드

```
ggplot(data=jeju_exam3, aes(x=reorder(country, -sum), y=sum))+geom._col( )+
coord_polar( )
```

⚙ 실습

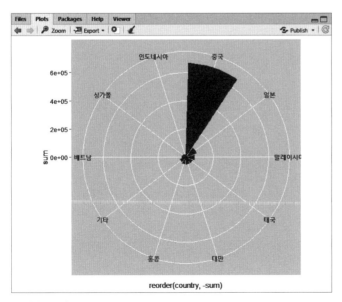

```
55
56  ggplot(data=jeju_exam3, aes(x=reorder(country, -sum), y=sum)) + geom_col()+
57    coord_polar()  #선버스트 차트 그리기
58
```

```
> ggplot(data=jeju_exam3, aes(x=reorder(country, -sum), y=sum)) + geom_col()+
+   coord_polar()  #선버스트 차트 그리기
> |
```

▲ 선버스트 차트 그리기

▲ 선버스트 차트

수치의 차이가 크게 나타나서 중국 이외의 나라는 뚜렷하게 데이터 표현은 잘 되지 않았지만 R을 통해서 다양한 그래프를 그릴 수 있다는 사실을 배우는 것이 중요합니다. 또한 y축의 0e+00과 같은 수는 R에서 큰 자리수의 숫자를 불러올 때 지수표기법(exponential)으로 표시되는 것입니다.

예를 들어, '900000'이라는 숫자표기법(fixed notation)으로 표시된 숫자를 읽어오면 '9e+5'라고 표기되는 것입니다. 우리에게 익숙한 숫자인 '900000'으로 바꿔 주고 싶을 때는 다음과 같이 코드를 작성합니다.

</> 코드

```
options(scipen=100)
```

⚙ 실습

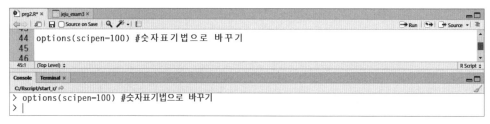

▲ 숫자표기법으로 변경하기

이후 다시 그래프를 그려보면 다음과 같이 나타납니다.

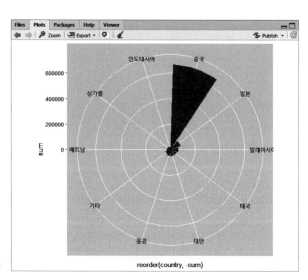

수정된 그래프 ▶

어떤 살충제가 모기를 가장 많이 잡을까?_
상자 그래프 그려보기

"기업 내에서 데이터 분석이 가장 많이 활용되는 것은 어떤 것일까요?

기업의 제품 기능을 비교하고, 마케팅 최적화를 위한 고객의 반응을 살펴보고

기업의 비용을 최소화하면서, 이익을 극대화시킬 수 있는 전략을 수립할 때겠죠?

이번에는 상자 그래프를 통해 제품의 기능을 한 눈에 비교해보고,

좋은 제품과 그렇지 않은 제품을 구별해보겠습니다."

R의 내장 데이터인 InsectSprays를 기반으로 생성된 spray_test.csv 파일을 가지고 각 살충제의 상자 그래프를 그려 살충제의 테스트 결과 분포 차이를 확인하고 성능에 따라 최고의 살충제와 최악의 살충제를 선정해보겠습니다.

Point 1 / 데이터를 불러와서 상자그림 그리기

R의 내장 데이터인 InsectSprays는 살충제 A부터 F까지 각 12번의 테스트 동안 얼마나 많은 해충을 죽였는지 수량으로 표기한 데이터입니다.

본 데이터를 기반으로 A, B, C, D, E 살충제를 가지고 각 10번의 테스트를 진행한 결과를 나타낸 spray_test.csv 파일을 생성하였습니다.

```
spray_test.csv - Windows 메모장
파일(F)  편집(E)  서식(O)  보기(V)  도움말(H)
test_number,A,B,C,D,E
1,10,11,3,0,11
2,7,17,5,1,9
3,20,21,2,7,15
4,14,11,6,2,22
5,14,16,4,3,15
6,12,14,3,1,16
7,10,17,5,2,13
8,23,17,28,1,10
9,17,19,0,3,26
10,20,21,4,0,26
```

▲ spray_test 파일

▣ 데이터 불러온 후 기초 분석 수행하기

spray_test.csv 파일을 불러온 후 지금까지 배워온 데이터 기초 분석을 수행해보겠습니다. 계속 반복되는 이 과정을 꼭 체득하길 바랍니다.

```
spray_exam <- read.csv( " spray_test.csv " )
View( spray_exam )
```

실습

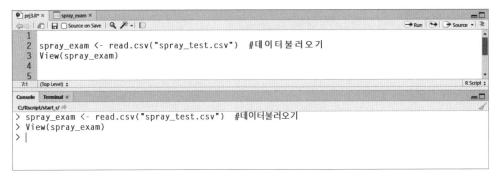

▲ 데이터 불러오기

View( ) 함수를 통해 데이터가 잘 들어온 것을 확인할 수 있습니다.

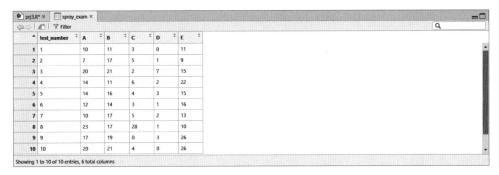

▲ View( ) 함수 확인하기

코드

```
str( spray_exam )
```

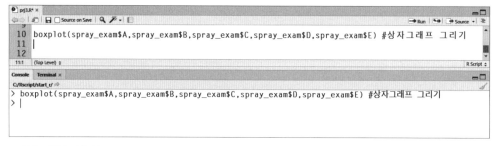

실습

```
7  str(spray_exam)
8  |
9
```

```
> str(spray_exam)
'data.frame':    10 obs. of  6 variables:
 $ test_number: int  1 2 3 4 5 6 7 8 9 10
 $ A          : int  10 7 20 14 14 12 10 23 17 20
 $ B          : int  11 17 21 11 16 14 17 17 19 21
 $ C          : int  3 5 2 6 4 3 5 28 0 4
 $ D          : int  0 1 7 2 3 1 2 1 3 0
 $ E          : int  11 9 15 22 15 16 13 10 26 26
> |
```

▲ str( ) 함수 확인하기

10개의 관측치와 6개의 변수, 그리고 각 변수는 정수 형태로 구성된 것을 확인할 수 있습니다.

② 상자 그래프 그려보기

상자 그래프를 그릴 수 있는 방법은 대표적으로 두 가지가 있습니다. 내장 함수인 boxplot( ) 함수를 사용하거나 ggplot2 패키지 내에 있는 함수를 사용하면 됩니다. 본 장에서는 내장 함수인 boxplot( ) 함수를 사용해서 상자 그래프를 그려보겠습니다.

코드

```
boxplot( spray_exam$A, spray_exam$B, spray_exam$C, spray_exam$D, spray_exam$E )
```

실습

```
10  boxplot(spray_exam$A,spray_exam$B,spray_exam$C,spray_exam$D,spray_exam$E) #상자그래프 그리기
11  |
12
```

```
> boxplot(spray_exam$A,spray_exam$B,spray_exam$C,spray_exam$D,spray_exam$E) #상자그래프 그리기
> |
```

▲ 상자 그래프 그리기 1

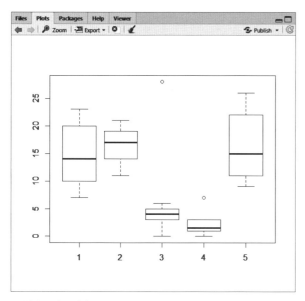

▲ 상자 그래프 결과

그래프를 살펴보니 각 살충제의 이름이 표기되지 않아 구분하기 어렵습니다.

그래프의 제목과 각 그래프의 이름을 표시하겠습니다.

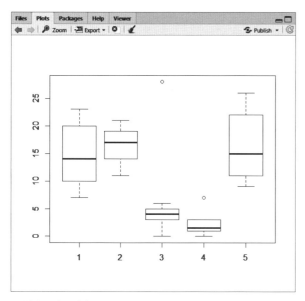 코드

```
boxplot(spray_exam$A, spray_exam$B, spray_exam$C, spray_exam$D, spray_exam$E,
        main='Spray_Test', names = c("A","B","C","D","E"))
```

실습

```
10
11  boxplot(spray_exam$A,spray_exam$B,spray_exam$C,spray_exam$D,spray_exam$E,
12          main='Spray_Test', names = c("A","B","B","D","E"))
13
```

```
Console  Terminal ×
C:/Rscript/start_r/
> boxplot(spray_exam$A,spray_exam$B,spray_exam$C,spray_exam$D,spray_exam$E,
+         main='Spray_Test', names = c("A","B","B","D","E"))
> |
```

▲ 이름 추가

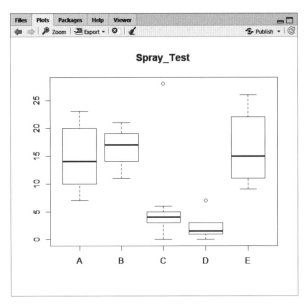

▲ 이름 추가 그래프

각 살충제의 이름이 구분되어 표시되었습니다.

색깔도 추가해볼까요?

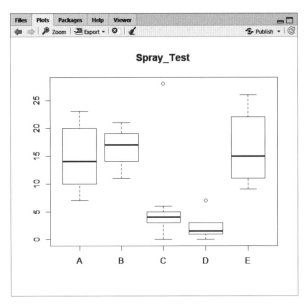 코드

```
boxplot(spray_exam$A, spray_exam$B, spray_exam$C, spray_exam$D, spray_exam$E,
        main='Spray_Test', names = c("A","B","C","D","E"),
        col = c("green","yellow","blue","skyblue","gray"))
```

실습

```
 9
10
11   boxplot(spray_exam$A,spray_exam$B,spray_exam$C,spray_exam$D,spray_exam$E,
12         main='Spray_Test', names = c("A","B","B","D","E"),
13         col = c("green","yellow","blue","skyblue","gray"))
14
```

```
> boxplot(spray_exam$A,spray_exam$B,spray_exam$C,spray_exam$D,spray_exam$E,
+       main='Spray_Test', names = c("A","B","B","D","E"),
+       col = c("green","yellow","blue","skyblue","gray"))
> |
```

▲ 색깔 추가

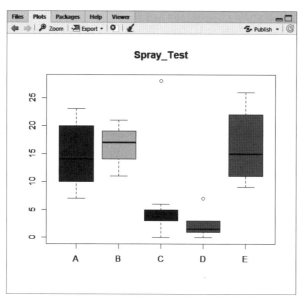

Spray_Test

▲ 색깔 추가 그래프

Point 2 / 상자 그래프 분석하기

각 살충제별 상자 그래프를 그려보았습니다.

상자 그래프는 데이터의 사분위수를 표현하여 분포를 파악하고, 이상치를 판단할 때 주로 그리는 그래프인 만큼, 사분위수를 읽어내고 상자의 모양을 잘 살펴보는 것이 중요합니다.

 사분위수란?

데이터를 정렬한 후 이등분한 지점의 값이 중위수라면 이를 좀 더 세분화해 사등분한 지점의 값을 표현한 지표입니다.

1/4(25% 또는 1사분위수), 2/4(중위수, 2사분위수), 3/4(75%, 3사분위수), 4/4(100%, 4 사분위수)

출력 값	통계량	설명
Min	최솟값	가장 작은 값
1st Qu	1사분위수	상위 25%에 위치하는 값
Median	중앙값	중앙에 위치하는 값
Mean	평균	산술평균 값
3rd Qu	3사분위수	하위 75%지점에 위치하는 값
Max	최댓값	가장 큰 값

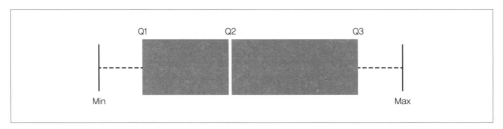

▲ 상자 그래프 설명

이해를 돕기 위해서 세로 상자 그래프를 눕혀, 가로 상자 그래프로 표현해보았습니다.

데이터가 1부터 100의 범위에서 80개의 숫자 데이터가 있다고 가정해봅시다. 먼저 Min은 1, Max는 100이 될 것입니다. 가운데 상자 그래프는 데이터의 50%를 차지하는 수이며, 상자가 작으면 작을수록 산포(흩어져 있는 정도)가 작아 데이터 값들이 평균에 모아져 있다고 볼 수 있습니다.

Q2로 표시된 하얀색 선은 전체 데이터의 중위수를 나타냅니다.

이 밖을 벗어나 동그랗게 표시되는 부분이 이상치입니다. B살충제와 D살충제 그래프에서 살펴볼 수 있습니다.

이 내용의 이해를 기반으로 spray_Test 그래프를 분석해보겠습니다.

Point 3 최고의 살충제와 최악의 살충제는?

▲ 살충제 이미지

위 5개의 살충제 중 최악의 살충제는 무엇일까요?

먼저, 상자 박스의 중간 선이 중위수라고 배웠습니다.

10번의 테스트를 수행해서 그 결괏값의 중간값이 C와 D는 5개 중에 비교적으로 낮습니다. 또한 C와 D는 상자의 크기가 작아서 데이터의 분포가 밀집되어 있지만 이상치가 드러나는 모습도 볼 수 있습니다. 쉽게 설명하자면 C 살충제를 샀을 때는 언젠가 한 번은 제일 많은 모기를 죽이지만, 그 이상치를 제외했을 때는 성능이 많이 떨어지는 것을 볼 수 있습니다. C 보다 상자의 위치가 아래 분포되어 있는 D 살충제가 제일 성능이 떨어지는 살충제입니다.

이번에는 최고의 살충제를 선정해봅시다.

A, B, E 살충제 중 B살충제는 중위수가 가장 높고, 평균적으로 데이터가 평균값에 몰려 있는 모습입니다. A와 E 살충제는 상자의 크기가 비슷하나 둘을 비교하였을 때는 E의 중위수가 더욱 높고, 편차는 조금 더 있지만 데이터의 범위가 더욱 높으므로 성능이 더 좋다는 것을 확인할 수 있습니다. 물론 그래프를 바라보는 시선에 따라 해석이 달라질 수 있지만, 본 책에서는 살충제 성능의 안정성을 기반으로 판단했을 때 B 살충제가 제일 성능이 좋다고 판단할 수 있습니다.

전문적인 데이터 분석 보고서,
R Markdown_나만의 포트폴리오 만들기

"지금까지 잘 학습해온 독자분들을 응원합니다.

하지만 지금까지 배워온 내용들을 그냥 머릿속에만 두기에는 아깝지 않은가요?

본인의 학습 또는 취업을 위해서 공부해온 내용과 간단한 예제라도 실제 실무에 적용시켜

본 데이터 분석 결과를 R스튜디오에서 제공하는 R 마크다운을 활용하여 간단하게 멋진 보고서,

나만의 포트폴리오를 작성해봅시다. 차곡차곡 쌓이는 포트폴리오가 독자 여러분을 원하는 곳으로

데려다 줄 것입니다."

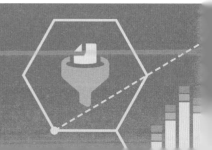

본 책의 독자분들이 어떤 위치에 있더라도 빅데이터 분석 공부를 진행하면서 스스로 본인의 포트폴리오를 작성하는 것만큼 좋은 것이 없다고 생각합니다.

학생 또는 취업준비생의 위치에서는 빅데이터 관련 기술 외에도 마케팅, 개발, 영업 등 모든 분야에서 관련 데이터를 통해 분석한 포트폴리오를 같이 제출하는 것이 굉장히 큰 차별점이 될 수 있습니다.

예를 들어, A회사의 마케팅 직무로 지원을 하고 싶다고 가정해봅시다.
공인 영어 점수와 자격증도 물론 중요하겠지만 그와 더불어 A회사의 제품을 하나 두고 그 제품의 검색량, 사람들의 후기, 판매 채널 등을 온라인으로 분석하여 현재 제품이 가지고 있는 문제점을 어떤 방향으로 보완하고, 어느 채널에 조금 더 광고를 해야 효율이 높은지와 같은 핵심 내용을 객관적인 데이터를 기반으로 보고서를 작성하여 첨부하였다고 생각해봅시다.

군이 제가 강조하지 않더라도 잘 만든 포트폴리오 하나하나가 독자 여러분들의 강력한 무기가 되어줄 것입니다.

Point 1   R Markdown?

데이터 분석의 결과 및 통찰력을 다른 사람들에게 잘 전달하기 위해서는 코드와 결과물이 설명 글과 함께 어우러진 데이터 분석 보고서를 작성해야 합니다. 이러한 보고서를 엑셀이나 워드, PDF로 작성하기도 하지만, R Markdown을 활용하면 데이터 분석의 전 과정을 담은 보고서를 쉽게 만들 수 있습니다.

■ R Markdown으로 데이터 분석 보고서 만들기 _ html 문서 생성하기

R 마크다운을 이용해 데이터 분석 보고서를 만들어 보겠습니다.

[File → New File → R Markdown]을 클릭합니다.

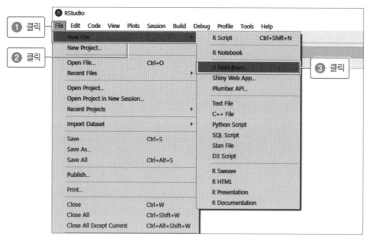

▲ R 마크다운 1

Title에 지정할 제목을 넣습니다.

Rmarkdown_exam으로 기입해보겠습니다.

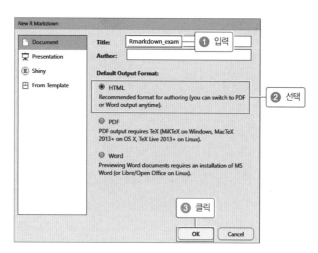

▲ R 마크다운 2

출력 포맷이 3가지가 있는데 HTML, PDF, Word 형태로 R 마크다운을 내보낼 수 있습니다.
모두 해보도록 하겠습니다. [Ok] 버튼을 누르면 다음과 같이 작성됩니다.

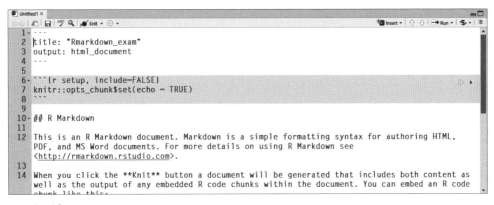

▲ R 마크다운 3

일단 아무것도 기입하지 않은 채로 Knit 표시 버튼을 눌러보겠습니다.

[Knit to HTML]을 클릭합니다.

▲ R 마크다운 4

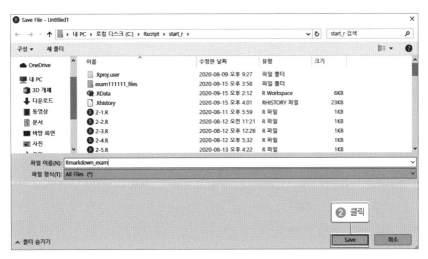

▲ R 마크다운 5

워킹 디렉터리에 자동으로 생성됩니다. 그 후 다음과 같은 Html 형식의 보고서가 생성됩니다.

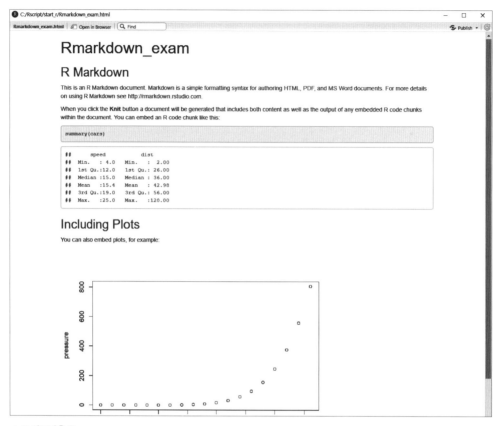

▲ R 마크다운 6

② R Markdown으로 데이터 분석 보고서 만들기 _ PDF 문서 생성하기

이번엔 PDF로 출력해보겠습니다. PDF는 조금 특별하게 프로그램과 패키지를 설치해야 합니다. 설치는 처음 한 번만 하면 됩니다.

❶ Tex 소프트웨어 설치
- 윈도우 – MiKTeX 설치: https://miktex.org/download
- 맥 – MacTeX 설치 (사파리 접속): http://tug.org/mactex

본 책은 윈도우를 기반으로 실습합니다. [다운로드] 버튼을 누르고 설치합니다.

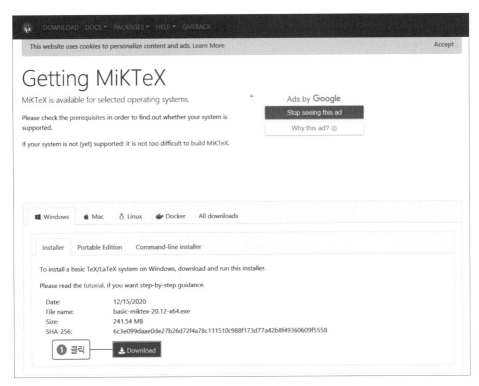

▲ MiKTeX 설치 1

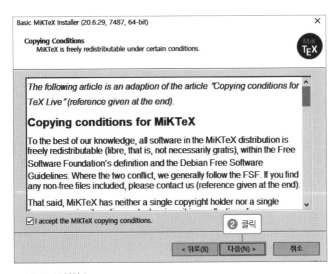

▲ MiKTeX 설치 2

❷ R스튜디오 수정

R스튜디오를 재실행한 후 새로 Rmarkdown_exam2를 다음과 같이 생성합니다.

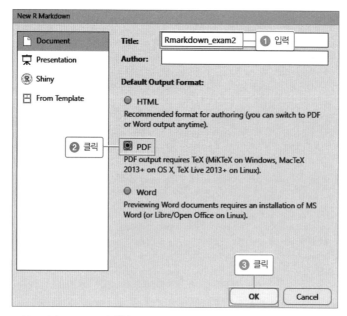

▲ Rmarkdown_exam2 생성

문서 상단의 output 부분을 아래와 같이 수정합니다.

```
output:
pdf_document:
  latex_engine: xelatex
  mainfont: MalgunGothic
```

▲ output 수정

❸ 패키지 설치

다시 [Knit] 버튼을 누르고 [Kint to PDF]를 클릭하여 'Package Installation' 창이 나오면 [Install]을 클릭합니다.

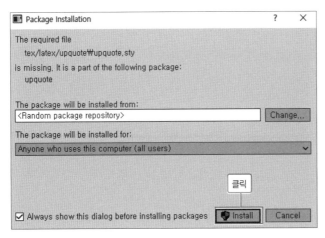

▲ 패키지 설치

❹ PDF 문서 출력하기

이제 PDF 문서로 출력해보도록 합시다. 다음과 같이 Rmarkdown_exam3을 생성합니다.

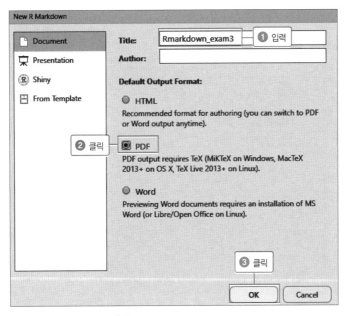

▲ Rmarkdown_exam3 생성

[Knit] 버튼을 눌러 [Kint to PDF]를 선택한 뒤 워킹 디렉터리에 저장합니다.

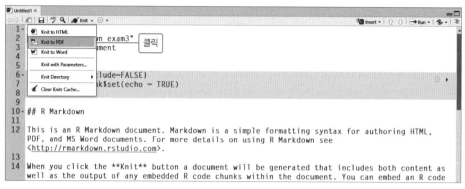

▲ PDF 출력

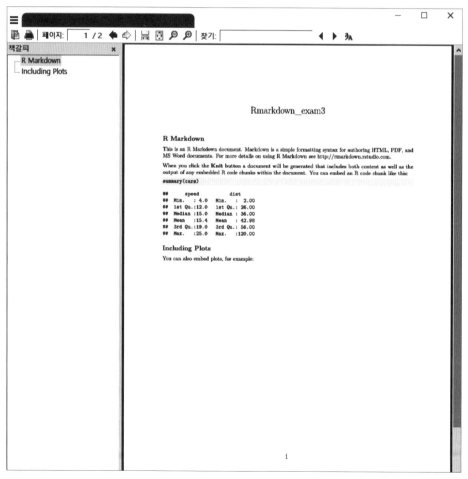

▲ PDF 출력

③ R Markdown으로 데이터 분석 보고서 만들기 _ Word 문서 생성하기

[Knit] 버튼을 눌러 [Kint to Word]를 선택하면 다음과 같이 Word 문서로 작성됩니다.

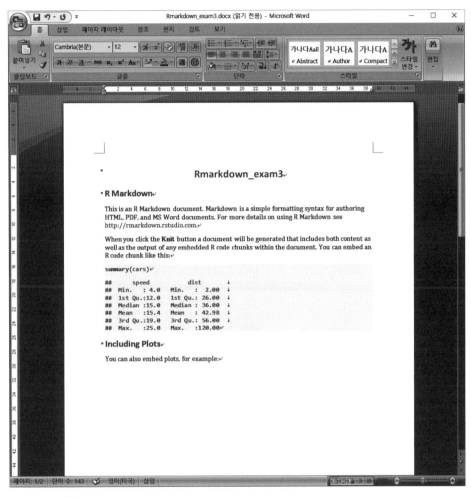

▲ Word 문서 출력

Point 2 / Rmarkdown 기본 문법

Rmarkdown에 대한 기본 포맷과 형식을 알아보았으니 실제 보고서를 작성해보도록 하겠습니다. PART 04의 Section 03 내용을 기반으로 작성하겠습니다.

① 문서 타이틀과 출력 형식

입문자에게는 처음 R 마크다운이 생성된 모습이 생소할 수 있습니다. 차근차근 함께 살펴보도록 하겠습니다.

▲ R 마크다운 상단부

상단부를 살펴보면, 초기에 Rmarkdown 생성 시 설정했던 타이틀 이름과 어떤 형태로 출력할 것인지 표시되어 있습니다.

아래 음영 처리된 부분은 넘어가도 좋습니다.

다음 부분을 살펴봅시다.

② 제목 단계별 설정

▲ R 마크다운 설명 1

##으로 표시되어 있는 부분은 제목 단계를 표현합니다.

제목은 말 그대로 대제목, 소제목 등으로 나누어집니다. #의 개수가 많아질수록 글자 크기가 작아지고 총 6개까지 사용할 수 있습니다.

한 번 실제로 작성해보고 Word 파일의 결과를 살펴봅시다.

```
11
12 ▾ # R Markdown
13 ▾ ## R Markdown
14 ▾ ### R Markdown
15 ▾ #### R Markdown
16 ▾ ##### R Markdown
17 ▾ ###### R Markdown
```

▲ 제목 단계별 설정

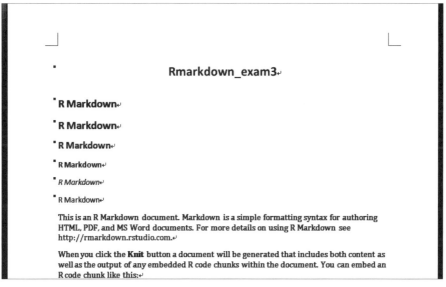

▲ 제목 단계별 설정 결과

③ 텍스트 양식 설정

텍스트를 강조하거나 기울이고 싶을 때 또는 취소선을 만들거나 하이퍼링크를 삽입하고 싶을 때는 어떻게 하면 좋을까요?

```
20  *This is an R Markdown document.*
21
22  Markdown is a simple formatting syntax for authoring HTML, PDF, and MS Word documents. For
    more details on using R Markdown see <http://rmarkdown.rstudio.com>.
23
24  When you click the **Knit** button a document will be generated that includes both content as
    well as the output of any embedded R code chunks within the document.
25
26  ~~You can embed an R code chunk like this:~~
27
```

▲ 텍스트 양식 설정

기존 코드를 일부 변경하였습니다. 결과를 살펴볼까요?

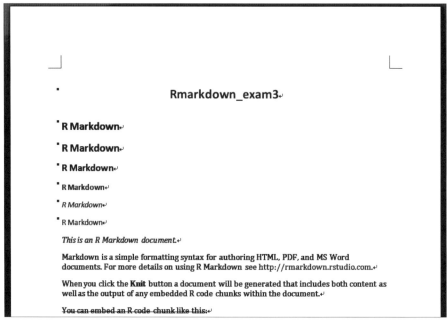

▲ 텍스트 양식 설정 결과

기울임체, 하이퍼링크, 강조, 취소선이 모두 표시되었습니다.

방법은 간단합니다.

❶ 문자 앞뒤에 *문자*를 넣으면 *,* 사이에 있는 글자가 기울임체가 됩니다.

❷ 문자 앞뒤에 **문자**를 넣으면 **,** 사이에 있는 글자가 강조체가 됩니다.

❸ 문자 앞뒤에 〈문자〉를 넣으면 〈,〉 사이에 있는 글자가 하이퍼링크가 됩니다.

❹ 문자 앞뒤에 ~~문자~~ 넣으면 ~~,~~ 사이에 있는 글자 위로 취소선이 표시됩니다.

어렵지 않죠? 하나하나 반드시 작성해보길 바랍니다.

4 코드와 실행 결과

코드와 실행 결과를 출력할 수 있으며, Ctrl + Alt + I 를 누르면 청크가 삽입됩니다.

▲ 코드 청크

Word문서로는 다음과 같이 출력됩니다.

별도로 이미지 파일을 붙여 넣지 않더라도 그래프가 자동으로 삽입되기도 합니다.

```
Console C:/Rscript/start_r/
> summary(cars)
     speed            dist
 Min.   : 4.0   Min.   :  2.00
 1st Qu.:12.0   1st Qu.: 26.00
 Median :15.0   Median : 36.00
 Mean   :15.4   Mean   : 42.98
 3rd Qu.:19.0   3rd Qu.: 56.00
 Max.   :25.0   Max.   :120.00
> |
```

▲ 코드 청크 결과

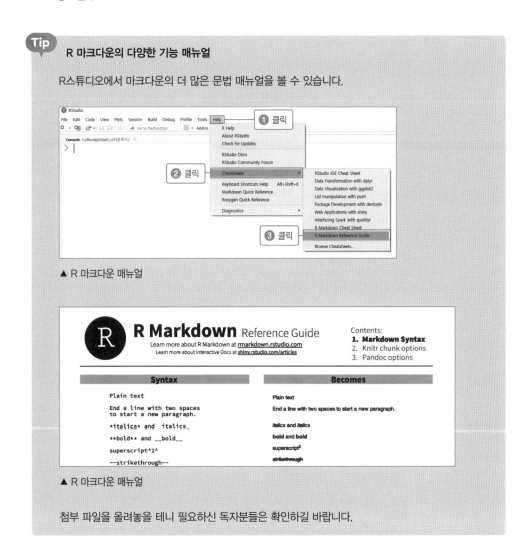

Tip

R 마크다운의 다양한 기능 매뉴얼

R스튜디오에서 마크다운의 더 많은 문법 매뉴얼을 볼 수 있습니다.

▲ R 마크다운 매뉴얼

▲ R 마크다운 매뉴얼

첨부 파일을 올려놓을 테니 필요하신 독자분들은 확인하길 바랍니다.

PART 04 Section 03을 기반으로 R Markdown 실습하기

Rmarkdown에 대한 기본 포맷과 형식을 알아보았으니 실제 보고서를 작성해보도록 하겠습니다. PART 04 Section 03 내용을 기반으로 작성하겠습니다.

필자가 작성한 코드를 보기 전에 먼저 작성해보고 잘 되지 않는 부분을 함께 참고하면 실력을 훨씬 향상시킬 수 있습니다.

1 Rmarkdown 작성하기

필자는 Spray_test 타이틀의 Html 형식으로 Rmarkdown 보고서를 작성해보겠습니다.
독자 여러분들도 자유롭게 작성해보세요.

```
1  ---
2  title: "Spray_test"
3  output: html_document
4  ---
5
6  ```{r setup, include=FALSE}
7  knitr::opts_chunk$set(echo = TRUE)
8  ```
9
10 # **상자그래프를 통한, 5개의 살충제 성능비교**
11
12 **1. 데이터 생성 및 수집**
13
14 R의 내장데이터인 **InsectSprays**를 기반으로 생성된 spray_test.csv파일을 가지고 각 살충제의 상자그래프를
    그려 살충제의 분포 차이를 확인하고 성능에 따라 최고의 살충제와 최악의 살충제를 선정해보겠습니다.
15
16 먼저 데이터를 불러온 후 상자그래프를 그려보겠습니다.
17 R의 내장데이터인 InsectSprays는 살충제 A부터F까지 각 12번의 테스트 동안 얼마나 많은 해충을 죽였는지
    수량으로 표기한 데이터입니다.
18
19 본 데이터를 기반으로 A,B,C,D,E 살충제를 가지고 각 10번의 테스트를 진행한 결과를 나타낸 spray_test.csv
    파일을 생성하였습니다.
20
21
22 ```{r}
23 spray_exam <- read.csv("spray_test.csv")
24 spray_exam
25 str(spray_exam)
26 ```
```

▲ R 마크다운 작성 예시 1

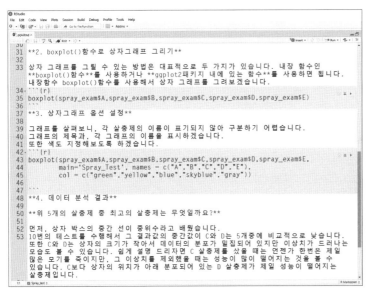

▲ R 마크다운 작성 예시 2

② 결과 살펴보기

결과를 살펴봅시다.

▲ R 마크다운 포트폴리오 결과 1

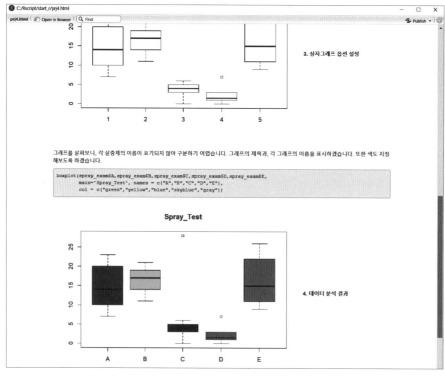

▲ R 마크다운 포트폴리오 결과 2

Word로 출력해봐도 다음과 같이 잘 작성된 것을 확인할 수 있습니다.

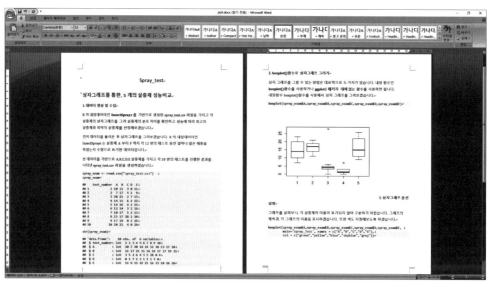

▲ R 마크다운 포트폴리오 결과 3